心安，灵魂的归宿。

 心何以安系列丛书

心何以安

人本困境

胡山林 著

河南大学出版社
HENAN UNIVERSITY PRESS

图书在版编目(CIP)数据

心何以安. 人本困境/胡山林著. －郑州:河南大学出版社,2015.2
 ISBN 978-7-5649-1914-6

Ⅰ.①心… Ⅱ.①胡… Ⅲ.①人生哲学－通俗读物 Ⅳ.①B821－49

中国版本图书馆 CIP 数据核字(2015)第 043729 号

责任编辑 孙小成
责任校对 韩 璐
封面设计 郭 灿

出 版	河南大学出版社
	地址:郑州市郑东新区商务外环中华大厦 2401 号 邮编:450046
	电话:0371-86059713(高等教育与职业教育出版分社)
	0371-86059701(营销部) 网址:www.hupress.com
排 版	郑州市今日文教印制有限公司
印 刷	河南瑞之光印刷股份有限公司
版 次	2017 年 9 月第 1 版　　　印 次　2017 年 9 月第 1 次印刷
开 本	890mm×1240mm　1/32　　印 张　6.25
字 数	164 千字　　　　　　　　 定 价　28.00 元

(本书如有印装质量问题,请与河南大学出版社营销部联系调换)

目　录

引言
　　——困扰人类生存的终极性问题即人本困境　/001

一　人性困境
　　——人人都想做天使,却又容易受魔鬼的诱惑　/003
　(一)人性的基本元素　/003
　(二)两种元素形成的原因　/007
　(三)兽性与神性的关系　/009
　(四)人,都一样吗?　/010
　(五)人性弱点举例　/012
　(六)不要轻易考验人性　/032
　(七)研讨人性的意义　/039

二　命运困境
　　——人都想做命运的船长,却只能是命运的乘客　/045
　(一)什么是命运?　/045
　(二)命运是由什么力量支配的?　/046
　(三)命运的秘密　/051
　(四)命运发生机制与命运困境　/068
　(五)怎样对待命运?　/070

三　欲望困境
　　——欲望无限而实现欲望的能力却有限　/075
（一）欲望与能力之间有一个永恒的距离　/075
（二）纵欲论　/077
（三）禁欲论　/079
（四）节欲论　/083
（五）超越论　/087
（六）超越欲望、淡泊名利的人　/091

四　爱情困境
　　——爱情是非理性的,但又不能没有理性　/108
（一）追求爱情与遵守社会道德规范的两难选择　/108
（二）爱情是多指向的,但却又必须是专一的　/116
（三）跟着感觉走,还是跟着理念走　/118
（四）爱情应该执着,但不可以专制　/124

五　认识困境
　　——人类永恒面对的不是可知而是不可知　/129
（一）人类永远不能穷尽对存在奥秘的认识　/129
（二）人类为什么会陷入认识困境？　/131
（三）怎样面对困境？　/135

六　人际困境
　　——人类渴望沟通而又无法彻底沟通　/137
（一）人生来活在无数他人中间无法与他人彻底沟通　/137
（二）人际困境历来是小说家感兴趣的话题之一　/140
（三）人为何会陷入人际困境？　/147
（四）人类永远走在努力沟通有所沟通又不能彻底沟通的

路途上　/149

七　生命困境
　　——人都不想死又不得不死　/152
（一）人都不想死又不得不死是生命的根本困境　/152
（二）死神的诱惑　/153
（三）战胜死神的诱惑　/154
（四）"我"永远不死　/157

八　自由困境
　　——人是生而自由的，但却无往不在枷锁中　/162
（一）自由与约束相伴相随　/162
（二）法制对自由的约束　/164
（三）社会游戏规则对自由的约束　/164
（四）传统观念对自由的约束　/169
（五）伦理道德对自由的约束　/172
（六）社会潮流对自由的约束　/172
（七）在约束中寻求自由　/173

九　平等困境
　　——平等是相对的，而不平等是绝对的　/174
（一）人类一直在追求平等但却始终没有过真正的平等　/174
（二）平等是相对的，而不平等是绝对的　/177
（三）旧的不平等消除了，新的不平等又产生了　/178
（四）人类永远走在努力消灭差别而差别又永在的路途上　/181

十 理想困境
　　——一个永远达不到因而永远存在的精神之域　/184
（一）理想虽然美好却常常败于现实　/184
（二）为什么理想不可实现？　/186
（三）理想的价值和意义　/187

结语
　　——人活着就是不断与困境相周旋　/190

引 言
——困扰人类生存的终极性问题即人本困境

人本困境这一概念,是从作家史铁生作品中提取出来的。史铁生是公认的具有哲学气质的文学家,是文学界的哲学家,所以他对人本困境特别关注,特别感兴趣,因而也论述最多。

史铁生认为人有三种根本困境:"第一,人生来注定只能是自己,人生来注定是活在无数他人中间无法与他人彻底沟通。这意味着孤独。第二,人生来就有欲望,人实现欲望的能力永远赶不上他欲望的能力,这是一个永恒的距离。这意味着痛苦。第三,人生来不想死,可是人生来就是在走向死。这意味着恐惧。"(《史铁生作品集》,第二卷,第432页,中国社会科学出版社,1995。下引此书只注卷数及页码)

由史铁生举出的三种困境可以看出,所谓人本困境,就是困扰人类生存的终极性问题,那些人类身处其中而又始终无法解决无法摆脱的问题。这些问题与生俱来,与生俱去,具有永恒性、超越性的特征。所谓永恒性,是指它贯穿古今;所谓超越性,是指它遍及所有人,即超越时代,超越社会,超越民族,超越阶级,超越贫富贵贱,超越男女老幼,它一视同仁地摆在所有人面前。

人本困境,换句话说就是人的根本处境,是地地道道的人生哲学问题。这样的问题,既是哲学讨论的对象,同时也应该是文学讨论的对象。史铁生认为,面对困境,文学应该比其他所有学科都更敏感,因为在所有学科中,只有文学和人有天然的内在联系(文学是人学)。然而遗憾的是,中国文坛习惯于元帅式的征服,作家的危机感多停留在社会层面上,对人本困境太少觉察,结果是见人而不见全人类,见人而不见人的灵魂,从不问灵魂在暗夜里怎样号哭,从不知精神在太阳底下如何陷入迷途。(二,415)基于这种现状,史铁生在他的作品中不止一次地呼吁,文学应当更多地关怀人的精神问题亦即终极问题,文学的根,应当是与人类生命相始终的根本困境。(二,367)

根据关注对象的不同,史铁生把文学分为三类:严肃文学、通俗文学和纯文学。严肃文学关注社会问题,通俗文学关注人的娱乐需求,纯文学关注人本困境。他本人,身体力行,自20世纪80年代中期之后,精力几乎全部转移到了对人本困境等人生问题的思索上,这使他的作品具有少见的深度——思想、人生、哲学深度。深度(也可以说高度)成为史铁生创作的重要特色,读他的书——尤其是他的散文和随笔,常常感到他不怎么像文学家,而更像是哲学家和思想家。

循着史铁生的思路继续往前走,我们发现,人的根本困境其实远远不止史铁生明确提出的上述那三个,而是很多很多。这些问题都关乎人的精神追求,关乎人的灵魂归宿,也就是说,都和"心何以安"相关,于是,就有了本书对这一问题的专题讨论。

一 人性困境
——人人都想做天使，却又容易受魔鬼的诱惑

本节题目源于一句西方广为流传的俗语："人，一半是天使，一半是魔鬼。"这一判断极其精练而内涵却极为丰富：它深刻地揭示了人性的深层奥秘，人性的基本矛盾，人性的根本困境——人人都想做天使，却又容易受魔鬼的诱惑，常常在天使与魔鬼之间徘徊与游移。

（一）人性的基本元素

那么什么是人性呢？这里不打算旁征博引，上溯古希腊，下至后现代，那样会让人头晕目眩，最后一头雾水而不得要领。这里只想从具体的"案例"切入，从具体例子的分析中引出必要的结论。

让我们先来看两篇（部）文学作品的"故事"。

作品一：清代作家沈起凤的《谐铎》卷九《节母死时箴》。

一位 80 多岁的节妇临终前把"孙、曾辈媳妇"叫到床前，告诉她们将来如果万一丈夫年轻早亡，一定要慎重考虑，能守则守，不能守则趁早改嫁。这话大出众媳妇之意外，一时间不知怎样回答，屋子里空气相当紧张。这时老人说，你们别以为我发昏了，其实我清楚着呢！我之所以这样说是为你们着想，不想让你们再受我这

样的罪。你们知道我的故事吗?——

曰:我居寡时,年甫十八,因生在名门,嫁于宦族,而又一块肉累腹中,不敢复萌他想。然晨风夜雨,冷壁孤灯,颇难禁受。翁有表甥某,自姑苏来访,下榻外馆,于屏后觑其貌美,不觉心动。夜伺翁姑熟睡,欲往奔之。移灯出户,俯首自惭;回身复入,而心猿难制。又移灯而出,终以此事可耻,长叹而回。如是者数次。后决然竟去,闻灶下婢喃喃私语,屏气回房,置灯桌上,倦而假寐。梦入外馆,某正读书灯下,相见各道衷曲,已而携手入帷,一人趺坐帐中,首蓬面血,拍枕大哭,视之,亡夫也!大喊而醒。时桌上灯萤萤作青碧色,谯楼正交三更,儿索乳絮被中。始而骇,中而悲,继而大悔,一种儿女之情,不知销归何处。自此洗心涤虑,始为良家节妇。向使灶下不遇人声,帐中绝无噩梦,能保一生洁白不贻地下人羞哉!因此知守寡之难,勿勉强而行也。

这篇小说的故事不是真枪实弹的战场而是心灵深处的战场,虽不见枪林弹雨、刀光剑影,但心灵深处两种力量的厮杀同样惊心动魄。作品让我们窥见了人物心灵深处的秘密,亦即人性的秘密。文学是干什么的?文学的功能之一就是以观察论人性,揭示人内心深处的秘密。人内心世界的秘密,在日常生活中从来都是被严防死守,不向外人透露的。中国古代文化中有许多真心难见的感慨:"画虎画皮难画骨,知人知面不知心","逢人只说三分话,未可全抛一片心","害人之心不可有,防人之心不可无"——现代人也好不到哪儿去。史铁生曾借文学人物之口描述过现代人的生存现状:人一出门就得装,而且还要装得好像自己没有装,装得好像自己不会装,装得好像自己讨厌装,以至于忘了自己是在装……

那么怎样才能窥见人的内心,从而深入了解和把握人性呢?我建议你去看文学(艺术)作品吧!文学(艺术)不但是人学,而且是人的心灵之学——文学(艺术)是关乎灵魂的学问。作家艺术家是什么人？是被公认为人群中最聪明的那批人，常被称为"人精"、"人尖子"，他(她)们对人的心灵生活感受最敏锐，观察最细腻，捕捉最准确，所以文艺作品中才有了对人的灵魂的精彩描写，所以人们才说文学艺术是人的心灵的一面镜子，在那里可以看到古今中外各种人的心灵秘密。作家艺术家为什么能做到这一点？原因无他，就因为他们对自己内心的秘密有着清醒自觉的认识，人都是通过自己来认识他人的(他人的内心秘密不会主动告诉你)，换句话说，作家艺术家对他人的认识首先是对自己的认识。人同此心，心同此理，所以，作家艺术家对人物的描写其实就是从自己出发，设身处地地对人物进行推测与想象。

以上所谈离本题稍稍远了，之所以如此，是想向读者说明，讨论人性，透视人心，甚至是了解自己，从文艺作品入手，绝对是一条再好不过的有效途径。

作品二：托尔斯泰的名著《复活》。

读过《复活》的人，大约都忘不了男主角聂赫留朵夫年青时在姑姑家，临离别的前一天晚上发生的事。

聂赫留朵夫到乡下看望姑姑，见到了年轻貌美、单纯可爱的女仆卡秋莎·玛丝洛娃。一开始，他对她的感情是纯洁美好的，但临离开的前一天晚上，他内心起了"风暴"。什么"风暴"？——他想占有她：

> 吃过饭后，他立刻回到他自己的房间里，心情极为兴奋，在房间里久久地走来走去，仔细地听着这所房子里的响声，等着她的脚步声。在他身上活着的兽性的人，现在不但已经抬起头来，而且把他第一次做客期间，以至今天早晨在教堂里的时候还在他身上活着的那个精神的人踩在脚下，那个可怕的兽性的人如今独自霸占了他的灵魂。尽管他不住地跟踪她，可是那一整天他都没有能够找到机会跟她单独见面。多半她

在躲他。不过到了傍晚,事有凑巧,她不得不到他住着的房间的隔壁房间里去。医师留在这儿过夜了,卡秋莎得为这个客人布置床铺。聂赫留朵夫听见她的脚步声,就放轻脚步,屏住呼吸,仿佛打算干什么犯罪的事似的,跟着她走进那个房间里去。

她已经把她的两只胳膊伸进一个干净的枕头套里,用手揪住枕头的两个角,这时候回过头来看他一眼,微微一笑,然而这不是以前那种欢畅快乐的笑容,却是战战兢兢的、可怜样的笑容。这个笑容仿佛在对他说:他要做的事是恶劣的。他一时间愣住了。现在还有挣扎的余地。他对她的真实的爱情的声音,虽然微弱,可是毕竟响起来了,正在对他述说她,述说她的感情,述说她的生活。然而,另外一个声音却在说:注意,你要错过你自己的享乐,你自己的幸福了。这第二个声音盖过了第一个声音。他就坚决地走到她跟前去。可怕的和无法抑制的兽性感情已经把他抓住了。(列夫·尼古拉耶维奇·托尔斯泰,《复活》,第80~81页,人民文学出版社,1979)

以上,把中国古代节妇的故事和十九世纪俄国青年贵族聂赫留朵夫的故事放在一起,似乎有点不伦不类,因为他们之间有着诸多不同。但这里无意进行全面分析,只想借他们的故事说明一个道理,即人性的基本构成元素有两种:兽性与神性。

进行过以上简单的归纳之后,从理论上还有几个意思需要补充说明。

首先,兽性、神性的概念源于西方文化,源于基督教,中国读者可能感到有些陌生,尤其对于"兽性"一词,感觉言重,感觉过分刺激啦!如果这样的话,为了与中国读者心理接轨,也可以把它置换为其他含义相近的词,如自然性、本能性、原始性等;与此相应,"神性"一词也可以置换成精神性、意识性、理性、灵性等。或者干脆用更简单明了的语言去表述:灵与肉;人,一半是天使,一半是魔鬼。

其次,上述两个例子都与"性"本能有关,容易让人产生误解,似乎"兽性"指的就是"性",其实不然。确实,世界上许多文化常常把"性"视为禁忌,把性心理、性欲望与兽性联系在一起,但二者终究不是一回事。"兽性"包含的内容应该更宽泛——凡是违背社会伦理道德,与社会文明相冲突、相矛盾的心理欲念皆可归为兽性,类似于荣格所说的每个人内心深处都有的那个"黑暗的自我"。

最后,性欲望、性心理之类属于原始欲望,即人与生俱来的自然性或本能性,因而也就无所谓善与恶,是与非,好与坏,本质上它是中性的,因而也就说不上兽性与不兽性。因为"兽性"一词已明显带有贬义。但"兽性""魔鬼"之类的用法已被人们接受了,原因是,人的本能性欲念之中暗含着与社会文明相冲突的因素,或者说是可能性,即基督教所谓的"原罪",社会文明、社会禁忌往往就是对这类欲念的压抑与约束。"兽性""神性"之类词汇,显然已带上了社会的有色眼镜,是社会文明、社会道德视角下的概念。

(二)两种元素形成的原因

人既有兽性的一面,又有神性的一面,为什么竟是这样的呢?

首先,从人的自然生成史来看,人有兽性。

人的自然生成史即达尔文的生物进化史。由生物进化史我们知道,人类是从单细胞、双细胞、腔肠动物、脊椎动物、灵长类动物直至人一步步演变过来的。从这一进化过程可以看出,人是自然界的一部分,是原始生命经过亿万年的历史进化的结果。在这一进化过程中,为了调整机体、个体与外界环境的关系,生命先是由最低级的感觉,发展为情绪、情感,最后发展出中枢神经系统的高级机能,有了思想、意识即精神。所以,不仅人的肉体生命是自然界进化的产物,人的思维、意识也是自然界的产物,是自然界进化的最高成果,所以恩格斯称"思维着的精神"是地球上"最美的花朵"。这朵最美的花开放在肉体之上,以肉体为土壤、为载体,并受肉体的影响和制约。精神可以像风筝一样高高飘扬于云端,却总有一根若有若无的线系于肉体之上。

总之,人是从动物进化过来的,人原本就是动物中的一个类别。人对于自己原本是动物总不甘心,总想把自己与动物区别开来,于是有思想动物、情感动物、意识动物、政治动物、文化动物、高级动物之说法。但不管你有多少高贵的称谓,中心词仍然是动物,是动物就难免有兽性的一面。正如恩格斯所说:"人来源于动物界这一事实已经决定人永远不能完全摆脱兽性,所以问题永远只能在于摆脱得多些或少些,在于兽性或人性的程度上的差异。"(弗里德里希·冯·恩格斯,《反杜林论》,第98页,人民出版社,1970)

其次,从人的社会生成史来看,人有神性。

人类的前身是类人猿,然后进化为类猿人,此时的生存法则当然仍是动物界的丛林法则——弱肉强食。人,作为个体,其生存技能未必胜过其他动物,如论飞不如鸟,论游不如鱼,论跑不如狮虎不如狼甚至不如兔子,论眼睛(视觉)不如猫和老鼠,论鼻子(嗅觉)不如狗,论体力不如大象等。所以人类为了生存必须结成群体,即原始部落,最早的社会形态。群体生活必然产生矛盾,有矛盾就必须进行协调,于是人类就发明创造了一系列社会契约、社会规范,发明创造了各种各样的思想、意识、观念,用于调整人际关系,制约人的行为,使得社会由无序变为有序。思想、意识、观念经由一代又一代的潜移默化,内化为人的精神结构,就是"神性"。换句话说,人类的群体生活必须有"神性"来约束"兽性",是由于社会的需要才出现了"神性"。时代、社会、国家、民族不同,其创造和信仰的"神性"内涵也不尽相同,但其基本功能相同,即对"兽性"的约束。

最后,从个体成长史来看,人受教育的过程即接受神性、融入社会的过程。

人脱离母体来到这个世界上时,其身份是自然人,一个活的生命,和小猫小狗没什么区别。但是他一出生就来到了社会上,就进入了社会的襁褓,于是从一开始就进入了"被社会化"的过程。最初你学说的话就是社会的语言,开始接受的规矩就是社会的规矩;然后是幼儿园、小学、中学、大学——一整套的受教育的过程。家庭教育、学校教育、社会教育,为的是什么呢?一是让你学会生存技能,二是教你学会社会的"游戏规则",接受社会规范,从而融入社会,成为一个社会的人、文明的人。人受教育的整个过程,从人性的意义上说,即约束、压抑、规范"兽性"而逐步接受"神性"的过程。这个过程永无止境,直至生命的终结。

(三)兽性与神性的关系

完整的人性既不是单纯的这一面,也不是单纯的另一面,而是既有这一面又有另一面,是你中有我我中有你,即两种元素的浑融统一。正如十七世纪法国思想家帕斯卡尔所说,人是一个灵魂与肉体的不可思议的结合体。帕斯卡尔对人进行执着思考后说:"人对于自己,就是自然界中最奇妙的对象;因为他不能思议什么是肉体,更不能思议什么是精神,而最为不能思议的则莫过于一个肉体居然能和一个精神结合在一起。这就是他那困难的极峰,然而这正是他自身的生存。"(何兆武译,《思想录》,第36页,商务印书馆,1985)

生活中我们常常说人很复杂,社会很复杂,生活很复杂,如今连中学生都会说这样的话。那么人、社会、生活为什么复杂?复杂的根源是什么?现在我们可以笼统作答,人、社会、生活,千复杂万复杂,总根源就在人性的秘密上。人,既有这一面,又有另一面——此时是一面,彼时是另一面;在这问题上是一面,在另一问题上是另一面;白天是一面,晚上是另一面;大庭广众之下是一面,私下里是另一面;没有遇到诱惑时是一面,遇到诱惑时是另一面……如此等等,变幻莫测,犹如川剧中的变脸,于是才让人生出"复杂"的感叹。事实上,化复杂为简单就可以看出,复杂的是表象,简单的是本质——所有的复杂背后都是人性,都与人性的构成有关,都是人性的显现。

人性的两面之中,"兽"的一面是基础,"神"的一面是主导,是灵魂,"神性"是人之为人的质的规定性。换句话说,只有具有"神性",才配称为"人";只有"兽性"而无"神性"就只是"动物"——一般动物,与猫狗无异。

(四) 人,都一样吗?

这一问题是水到渠成、顺理成章提出来的。因为前面我们说人性中具有兽性和神性,这是面对所有人说的,所有人都包括其中而没有人能例外。那么,既然如此,是否等于说,所有人都是一样的,因而也就没有区别——无所谓善良与邪恶,无所谓清白与污浊,无所谓崇高与卑鄙呢? 当然不是。这不用理论论证,搭眼一看现实就证明了这一点——生活中有好人也有坏人,有君子也有小人,有善良也有丑恶,有崇高也有卑鄙,人上一百,形形色色。总之,无论从哪方面看,人,都是不一样的。

内在的人性结构是一样的,而外在的现实表现(行为、实践)是不一样的,不一样在哪儿?

第一,看人的"兽性"外化与否。

我们说的"兽性",是人性的深层内涵,是一种很内在很隐蔽的因素,它可以外化为行为,也可以在理性的调控下不外化为行为。如果外化了,把兽性转化为行为后,人就有了善恶美丑高下的区别。而评价一个人的标准是现实的"行为",而不是深不可见因而也无法做出判断的"内心"。

中国古人对此早有认识。例如有这么一副对联,上联是:百善孝为先,论心不论事,论事贫家无孝子;下联是:万恶淫为首,论事不论心,论心天下无完人。这里"淫为首"的观念我们且不去评论,我们要说的是,它提出的评价善恶是非的标准("事"即行为)从实际出发,温馨而亲切,明智而合理,这里表现了中国古人对人性的通达理解和理性的评判,体现了中国人尤其是下层人的人生智慧。他们的人性观绝对区别于某些上层官员及道学家的人性理论("男女授受不亲","饿死事小,失节事大")。某些官员及上层知识分子身居高位,为了在政治斗争中抢占道德高地,从而抬高自己,打压别人,特别擅于唱道德高调——你高我更高,善于把自己打扮成道德圣人,这是典型的极左做派。我看中国人的极左思维根源在文化,中国文化深层中蕴含着极左的基因,真可谓是源远流长,其来有自,至今也不能说流毒已经荡涤干净。

总之,虽然人性的基本构成元素是相同的,但内在的人性元素(如"兽性")具有外化的可能性而非现实性,更非必然性。因而评价人的善恶是非的标准只能是行为而非内心。

举个例子:《花花公子》杂志记者曾经问美国前总统卡特:"当你看见漂亮女人时,你心里怎么想?"卡特坦然回答:"我承认,当我看见漂亮女人时,总是暗地里怀着情欲的冲动;上帝知道我会这样,同样,上帝也会因此而原谅我。"坦率的卡特承认内心对漂亮女人怀着"情欲的冲动",但卡特并没有把这一"冲动"外化为行为,所以人们并不指责他反而说他真诚,所以卡特至今九十多岁了仍然活跃在美国人的政治事务中。而同样是美国总统,克林顿比卡特年轻、漂亮、充满活力,因而更吸引女性的眼球。但他一不小心把"内心冲动"外化为行为,和在白宫实习的某女子有了暧昧关系,因而遭到了世人的指责,陷入人生困境,差一点把总统位子弄丢了。克林顿与卡特的区别就在于,不符合社会道德的内心欲念("情欲的冲动")一个外化了,一个没外化。

第二,人鬼一念间。

我们已经知道人性深处有兽性与神性两种元素,这两种元素相互对立相互冲突,在人的心灵深处形成一个看不见的张力场。

根据两头小中间大的原理可知,生活中极恶极善之人都是极少数,而绝大多数人则在兽性与神性的张力场之中游移徘徊。一念之间兽性战胜神性,就犯了错误,就成了"坏人""罪人",如聂赫留朵夫、克林顿;一念之间神性战胜兽性,就还是"好人",如卡特。因此,一个人犯不犯错误,到底是好人还是坏人,是人还是鬼,就在一念之间。这方面的例子无论是在艺术作品还是在现实生活中,均数不胜数,不说也罢。

(五) 人性弱点举例

标题的意思是,人性弱点很多,这里不打算也不可能全面列数,而只打算抽样性地讨论其中的几个,名之曰"举例"。

说起人性的弱点,最大最明显最顽固最普遍的,莫过于好色和贪财。这与"食、色,性也"的判断相吻合。也就是说,人之大欲处,正是人性最大弱点所在处。看看当下贪官,几乎所有人都栽在这两大弱点上。原来认为只有男性贪官两条都占,但现今越来越多被披露出来的事实证明,女贪官亦然。这不由得让人喟然长叹,绝对的权力绝对导致腐败。当权力不受监督可以肆意妄为而不必付出任何代价的时候,大权在握的人释放出来的一定不是神性而是兽性,这是万古不变的铁律。

由于好色和贪财作为人性弱点太明显太典型,例子也太多太普遍了,因此不讨论也罢。这里则要列举其他普遍而常见的人性弱点。

1. 容易受诱惑

"容易受诱惑"作为人性弱点似乎是不用论证、不证自明的命题。我们熟知的几个成语就恰巧说明了这一点:不由自主,身不由己,情不自禁。作为对人性观察、理解甚为深入细致的作家艺术家,当然也早就发现了这一点。这里我向大家介绍一篇专门以此

一 人性困境

为主题的作品,这就是美国作家马克·吐温的短篇小说《败坏了赫德莱堡的人》。

小说讲述了一个精心编织的故事。

赫德莱堡是美国某地的一个小市镇,其最大特点是享有美好的声誉:最诚实、最清高。它把这个名声保持了三代之久,从没有被玷污过,并且很以此为豪,把这种荣誉看得比一切都宝贵。它迫切希望这种光荣万世不朽,它对摇篮里的婴儿就开始教以诚实的原则,在青年人成长时期完全不让他们与一切诱惑相接触,为的是让他们的诚实变得坚定而巩固,成为深入骨髓的品质。赫德莱堡的好名声让邻近市镇的人很忌妒。

然而曾几何时,赫德莱堡终于很不幸地得罪了一个很不好惹的外乡人。这一"惹"让这人看破了赫德莱堡的真相,他决心设计报复他们,经过苦思冥想他终于制订出一个揭露赫德莱堡真相的妙计。

几个月后的一天晚上,他扛着一个口袋出现在银行老出纳员爱德华·理查兹家的门口,老头儿不在家,妻子玛丽接待了他。他说,我是外国人,马上要回本国去,以后就永远不再来了,有件事想拜托你们代办。这件事是什么呢?他卖关子没说,他说这件事就写在口袋的纸条子上。说完转身消失在夜幕中。老太太被好奇心所勾引,把那条子拿过来看。条子上写道:这是一袋金币,计重一百六十多磅(折合四万美元),我是用它来报答恩人的。几年前,我是一个输得精光的赌徒,在我倾家荡产一文不名之际村里一位高尚的人救了我,他给了我二十块钱,还给我说了一句非常非常重要的话,正是这句话改变了我的命运,因为它让我灵魂得救并从此重新做人。如今我发了大财,要来回报恩人,但我不知他是谁,请求你们帮助我寻访。办法是,我把恩人那句话密封在口袋里,谁如果说自己是救过我的人,就请说出那句话加以对证,然后把这袋金币交给他。如果公开寻访就请把这张纸条拿到报上去发表,自本日起三十日内,请申请人于星期五晚上八点到镇公所公开认领。

十一点钟,外出打工精疲力竭的老头儿回来了,听老太太讲了口袋的来历,两人激动、兴奋,认为这是赫德莱堡莫大的荣耀,为给赫德莱堡添光彩,他决定用公开的办法寻访,于是立刻把纸条拿到了报馆。报馆主笔兼东家柯克斯也兴奋异常,立刻吩咐交邮差送走。

从报馆回来的理查兹老头儿与妻子讨论是谁把二十块钱给了外乡人,他们一致认为肯定是固德逊,这正是他的作风,镇上不会再有第二个人。可是固德逊已经死了,而且没有后人,那么这袋钱该给谁呢?这对老夫妻陷入了沉思。他们想,既然镇上唯一高尚的可能说那句话的人死了,而且报恩的人已经回到外国永远也不回来了,那么这笔钱我们自己占有了不好吗?老两口面对无人认领的钱袋心动了,后悔了,后悔不该把这事张扬出去,所以老头去报馆想追回那纸条。与此同时,同样的一幕也在报馆主笔柯克斯家里上演着——

柯克斯夫妇和理查兹夫妇一样,面对无人认领的金钱动心了,后悔了,柯克斯赶忙出去想把那张纸条追回来。他与理查兹街头相遇了,然而一切都晚了,纸条已经提前寄走了。苦恼得要命的两人拖着脚步,无精打采地走回家去。女人们愤恨地埋怨男人做事莽撞欠思考,眼睁睁丧失了一个千载难逢的发财机会。可是,一切都来不及了,后悔也晚了。女人们"伤心地痛哭起来"。

既然纸条已追不回,那就开始想死去的固德逊给外乡人说的那句值钱的话吧!于是老两口和报馆主笔两口当天晚上就上床开始搜肠刮肚地猜测那句话是什么。这句话价值四万元现金啊!

以上是小说的第一节。作者详细地描写了两对夫妇尤其是理查兹夫妇面对诱惑时的心态,让我们窥视了发生在他们灵魂深处的秘密。接下来,作者的笔离开了两对夫妇的"点"而指向了"面"——全村人的反应。

一　人性困境

外乡人重金回报恩人的消息在报上发表之后,"不可败坏的赫德莱堡"这个名称立刻传遍全美国,千百万人都在谈论着这件事。小镇的人更是惊异、快乐、扬扬自得、互相握手、彼此道贺。大家沉浸在无比自豪和欢欣的情绪之中。

一个星期过去,大家开始平静。然后发生了一种变化,人们脸上开始现出一种苦恼不堪的神情,人人都变得那么郁郁不乐、若有所思、心不在焉。为什么?还用说吗?全村人都在苦苦思索、猜测死去的固德逊可能对外乡人说的那句话。三个星期里村里没有了往日的热闹,街头空虚寂寞,人们也不串门儿,一个个坐在家里唉声叹气,愁眉苦脸,都想猜出那句话。

忽然一个晚上,全村十九家有头有脸的人分别收到了信封不同字迹不同然而里面内容却相同的信。信中通过编织的故事向他们透露了那句话("你绝不是一个坏人,快去改过自新吧"),这真是天大的喜讯!十九户人家全在自己家里秘密地狂喜,他们谁也没有想过自己是不是应得这笔钱的人,反正固德逊已死,这笔钱不要白不要。第二天大家见面,全都喜气洋洋。这十几家人已经开始计划怎么花这笔钱:买地、买马、买股票、盖房子、盖别墅、旅游……

小说第三节把焦点集中在镇公所。

按外乡人要求的办法,凡申请认领那笔钱的人都必须把自己说的那句话写出来密封交与柏杰士牧师,然后由牧师当众启封钱袋,以核对是否相符。柏杰士牧师一下子收到十九封同样的信。公开认领那天晚上,镇公所灯火辉煌,人挤得水泄不通,讲台上坐满各路贵宾和新闻记者。一袋黄金放在桌子上,人们贪婪地望着它。

认领开始了。牧师将信一一念出,这些人一个个都咬死只有自己是该得这笔钱的人,而别人都是冒牌。于是互相指责互相攻击互相咒骂,会场上闹得沸反盈天,乱成一窝蜂。赫德莱堡有脸面的人在全世界面前丢尽了脸。一个不可败坏的市镇,终于被败坏了——还原了它的真面目。

马克·吐温的幽默和辛辣在世界文学史上是出了名的,《败坏了赫德莱堡的人》让我们有机会再次领略了他的风格。原作实在太精彩了,拙笔难以再现其神韵,我建议读者有机会一定读一读原文。

那么,马克·吐温通过这篇小说想要告诉我们什么呢?这并不难理解。通常我们都是说它揭露了资产阶级道德的虚伪性,这当然不错。从政治(阶级)和社会角度来看,结论正应该是这样。但能不能再从其他角度(例如人生、人性角度)看一看呢?答案是肯定的。从人生角度看,它剖析了一个普遍的人性弱点:容易受诱惑。或者说在诱惑面前,人往往经不住考验。对于这一弱点,我们很难将它像帽子一样简单地往"资产阶级"头上一扣,然后轻松地躲到一边看笑话。——事情并不这么简单。小说中的理查兹夫妇干了一辈子,到老来仍家境贫寒,以至于深更半夜还不得不在外打工,他是资产阶级吗?他一辈子为人正派,做事谨慎,自律甚严,正如老头儿自己所说,诚实已成为他们的第二天性。但即便如这样的人,面对诱惑的时候仍然免不了要动心,可见"容易受诱惑"是他们内心隐蔽更深的天性。对此,老头儿的妻子玛丽老太太在痛苦的自省中有过一段坦率的自我剖析:

"啊,我知道,我知道——我们一辈子老在受诚实的教养、教养、教养,教个没有完——从摇篮里就教起,要诚实呀,不要受一切诱惑呀,其实这全是虚伪的诚实,一旦受到诱惑,就经不起考验,过去我对自己的诚实从来没有丝毫怀疑过,可是现在……现在,只受到这第一次真正的大诱惑就放弃了诚实,我相信这个镇上的诚实都是像我的一样,糟透了;也像你一样糟。这是个卑鄙的市镇,是个冷酷和吝啬的市镇,它除了这个远近闻名和自命不凡的诚实而外,根本就没有丝毫美德可言。

一　人性困境

从玛丽的自白可以看出，"容易受诱惑"是人的天性，是人性的基本弱点。人并不一定是自己所认为的那样的人，未经诱惑考验的道德优越感是脆弱的、靠不住的。所以，面临诱惑，如何应对，并非只是"资产阶级"的事情，而应该说是所有人一生中时刻都可能遇到的严峻话题。提醒自己加强道德自律，战胜各种各样的诱惑，应该是每个人毕生的修身任务。

马克·吐温的小说揭露了人们面对不义之财时"容易受诱惑"，而事实上，容易受诱惑还表现在其他诸多事情诸多领域里，如权、色、名等等的诱惑，总之，只要是人们想要的，喜欢的，都可能构成诱惑。

时间向后推移一百多年，地点转移至当下的中国，情况如何？情况是，时空变了，但人性依然未变。记得史铁生《病隙碎笔》中记载过这样一件事：五六淑女闲聊，偶尔说起某一女大学生做了"三陪小姐"，不免嗤之以鼻。"一晚上挣好几百哪！"——嗤之以鼻。"一晚上挣好几千的也有！"——还是嗤之以鼻。有一位说："要是一晚上给你几十万呢？"这一回大家都沉默了，过了一会儿，相视大笑。史铁生评论说，淑女们刹那间的沉默颇具深意——潜意识总是诚实的；淑女们沉默之后的大笑令人钦佩，她们承认了几十万元的诱惑，承认自己有过哪怕是几秒钟的动摇，然后以大笑驱逐了诱惑，轻松坦然地确认了以往的信念。若非如此，沉默就可能隐隐地延长，延长至魔魔道道，酸甜苦辣就都要来了。

淑女们的沉默让人想起明末清初文学评论家金圣叹的一句话："人无正者，皆因诱不足耳！"忘了是哪一位也说过："某某某之所以还算是正人君子，那是因为他还没有遇到足够大的诱惑。"你再到网上查一下，关于"容易受诱惑"的酷词妙语一串又一串的，可见"容易受诱惑"是人们都已发现而且普遍承认的一个人性弱点。

把这一弱点发挥、体现到极致的当属今日的贪官。生活中，许多贪官并不是一开始就是品质恶劣的贪婪之徒，但是因为他们手握重权，又缺乏监督和约束，他可以随意支配手中的社会资源，就自然形成巨大的寻租空间，这是一个巨大的诱惑。许多人经不住这种诱惑，于是变成贪官。社会上那些居心不良的人为了攫取巨大利益，看准了官员"容易受诱惑"的人性弱点从而得以成功。厦门远华走私大案首犯赖昌星有一句名言："不怕领导讲原则，就怕领导没爱好。"他的意思是，领导的爱好就是他的软肋。你喜欢钱，他就送钱；喜欢女人，他就送女人；你喜欢权，他想办法帮你升官。赖昌星"成功"的秘诀就是充分利用人性的弱点，对他所需要的干部发动进攻，几乎是攻无不克，战无不胜，直至拿下公安部副部长李纪周。赖昌星是无师自通的心理学家，其贿赂干部的手段何等露骨、低下、粗鄙、无耻，但他却"成功"了，实在是荒诞可笑，直令人无语。

2. 想沉沦，怕沉沦

这一"弱点"是从郁达夫短篇小说《沉沦》中提炼出来的。

《沉沦》是郁达夫的成名作与代表作。作品主人公"他"是一个留学日本的学生，性格忧郁，感情细腻，多愁善感，敏感多疑。他想与周围世界沟通，但作为弱国子民，在异国他邦却受尽歧视。这使他精神上异常痛苦，无奈他只有沉湎于内心生活之中，尤其是性苦闷中。他渴望异性的爱情而不得，于是靠变态的自慰性行为来发泄自己的性苦闷。"他本来是一个非常爱高尚爱洁净的人，然而一到了这一邪念发生的时候，他的智力也无用了，他的良心也麻痹了。他犯了罪之后，每深自痛悔，总切齿地说，下次不再犯了，然而到了第二天的那个时候，种种幻想，又活泼地到他眼前来。……他苦闷一场，恶斗一场，终究不得不做她们的俘虏。"他对自己的行为感到可耻，认为是在犯罪，时时自我谴责，自我忏悔，常常发誓改过自新，"然而一到了紧迫的时候，他的誓言又忘了"。

每礼拜四五，或每月的二十六七的时候，他索性尽意地贪起欢来。他的心里想,自下礼拜一或下月初一起,我就不犯罪了。有时候到了礼拜六或月底的晚上,他便去剃头洗澡,以为这就是改过自新的记号,然而到了那时候他又忍不住继续犯罪了。他向往各种诱惑,经受不住各种诱惑,被诱惑之时、之后又惶恐不安。

他从厕所窥视房东女儿洗浴,被人觉察赶快逃跑,一边自己打自己嘴巴,一边又兴奋异常:"他觉得全身的血液,都在往上喷涌的样子,心里怕得非常,羞得非常,也喜欢得非常。"

他无意中在田间苇草丛中听到了幽会男女的亲昵,他胆战心惊想走开,可是又舍不得走开。他一边骂自己"你去死罢,你去死罢,你怎么会下流到这样的地步!"一边又竖着一双耳朵全神贯注地在那里听,唯恐遗漏了一言半语。

有一次,他无意间来到了有妓女的庄院,妓女们招呼他进去,他面色立时变了。"要想进去又不能进去,要想出来又不得出来;可怜他那如同兔儿般的小胆,同猿猴似的淫心,竟把他陷到一个大大的困境里去了。"就这样,他想沉沦又怕沉沦,在灵与肉的激烈冲突中煎熬,最后终于决定投海自杀。

关于《沉沦》的意蕴,过去主要着眼于社会政治层面,把它定位于"反封建的个性主义"和"反帝的爱国主义"上。这当然也不能说完全错误,作品也确有一点点这方面的因素,但很显然没有抓住作品的核心内容,也没有触及更深的层面,如人生、人性、文化等层面。20 世纪 90 年代,研究现代文学的年轻学者解志熙先生从人生、人性和文化的层面解读作品,发现了其中更深刻更具普遍意义的意蕴。他指出:

> 《沉沦》恰到好处地表现了一个既承袭着传统文化伦理价值观念,又渴慕现代文明、现代生活方式以至于现代声色刺激的中国知识分子的矛盾心态——他在所谓声色刺激而其实乃是合乎人性的性反应面前,既想"沉沦"又不甘于"沉沦"且怕"沉沦",但又经不住诱惑而"沉沦",而在"沉沦"之后又因道德

上的负罪感而难以接受自己也已"沉沦"的现实,最后只得以自杀来结束"沉沦"。对这种"沉沦"心态的揭示,其实是郁达夫创作的基本主题。毫无疑问,这是一个颇具文化心理内涵和时代特色的主题,换言之,想"沉沦"而又怕"沉沦",不得不"沉沦"而又不甘心"沉沦",其实是我们这个文明古国的子民们在走向现代化的途中,面对种种现代欲求(岂止是现代性爱!)的诱惑时所具有的普遍心态。

想"沉沦"而又怕"沉沦",不得不"沉沦"而又不甘心"沉沦",是我们这个文明古国的子民们在面临现代欲求的诱惑时所具有的普遍心态。我认为,这一概括很深刻。它从具体作品出发又超越了具体作品,从具有特殊性的性爱出发又超越了性爱,把想"沉沦"又怕"沉沦"这种心态一下子上升到现代人在走向现代化的途中面临各种诱惑时的普通心态。

顺着这一思路再想下去就可以发现,其实想沉沦又怕沉沦的心态也并不只是走向现代化途中的"我们这个文明古国的子民们"面临诱惑时的普遍心态,而应该说它是人类自从有了"文明"之后所有人面临诱惑时的共有心态,它超阶级超民族超时代。说到底,想沉沦又怕沉沦其实是人性的一种弱点。简单说就是,人,想好好不了,想坏又不敢坏。

想沉沦怕沉沦,只是一个句式。按照这一句式造句,以下句子照样成立:想犯规怕犯规,想犯罪怕犯罪,想犯错怕犯错,想学坏怕学坏……

由"容易受诱惑"和"想沉沦怕沉沦",我们可以归纳出一个具有普遍意义的人性困境:人人都想做天使,却又容易受魔鬼的诱惑,常常在天使与魔鬼之间徘徊与游移;更有甚者,经受不住魔鬼的诱惑而成为魔鬼的俘虏。

这一"人性困境"来源于人的基本悖论——兽性与神性的矛

盾,自然性、本能性与社会性、精神性的矛盾。来自自然性、本能性的欲求促使人倾向于沉沦,而来自后天的社会教养即文化无意识又让它害怕沉沦,两种心理力量在内心深处激烈地搏斗,形成一个张力场,人就徘徊游移于这一张力场中,也就处于想沉沦又怕沉沦的矛盾状态中。这一矛盾状态不仅经常出现于那些精神品位比较低,道德意志比较薄弱的人身上,而且,也往往出现于那些精神品位比较高,道德意志比较坚定的人身上。这一点,已经被大量的生活现实所证实,也被文艺作品中大量人物形象所证实。

3. 侥幸心理

侥幸心理,作为人性弱点,古今皆然。

冯梦龙编《醒世恒言》二十六卷载《薛录事鱼服证仙》中,记录了薛录事大病高烧昏昏沉沉中梦见自己变成了一条鲤鱼,自由自在地尽情享受水中的清凉。时间长了肚子饿了,正在这时,他看到本县渔民赵干摇着渔船来钓鱼。赵干钓钩上钩着香喷喷的一块大油面,薛录事心里明白那是钓鱼用的诱饵,切不可上当。于是保持高度警惕,自觉游到一边去。但无奈那诱饵"香得酷烈",他怎么也忍不住想吃的欲望,于是又向诱饵游去。他想:"我是个人身,好不多重,这此一钓钩怎么便钓得我起?便被他钓了去,我是县里三衙,他是渔户赵干,岂不认得,自然送我归县。却不是落得吃了他的?"想到这儿,他上前去吞那鱼饵,还不曾吞下肚去,被赵干一杆钓了上去,任凭他再三声嘶力竭地声明自己是县里官员,赵干也听不见,他悔之晚矣。

知道是诱饵又忍不住去吞,这叫"眼里识得破,肚里忍不过",即我们上文所说的"容易受诱惑";而他的"我是人身,他钓不起"以及"即使钓到了我,我是县里官员,他是县里小民,也会放了我"的心理,就是侥幸之心了。两种弱点交织,让薛录事敢于去冒生命危险。

薛录事的这种侥幸心理,也是典型的人性弱点,古人如此,今人亦然。笔者手边有一本中国纪检监察报社编的《忏悔录》(中国方正出版社,2011),其中收有七十九位贪官被判刑入狱后的"忏悔书",其中相当一批人都讲到自己受侥幸之心的蛊惑而犯罪。

例如上海市国有资产监督管理委员会原副主任吴鸿玫,其忏悔书的标题就是《私欲+贪婪+侥幸=万丈深渊》。她说,社保案发生后她丈夫鼓动她去纪委坦白,但她却"总认为这件事处理得比较稳妥,应该不会出事,在这种侥幸心理的驱使下",她"始终下不了决心,几次开会途经市纪委大门却没有勇气走进去"。再如广西壮族自治区防城港市政协原副主席刘德新说:"开始收受别人礼金时自己的思想是有压力的,有时总觉得领导在监视自己,好像这个秘密被发现了。为了稳定自己的思绪,自己也不停去寻找理由,反正是别人主动送的。我既没有用权索取,也没有开口向他要,他不会主动跟别人讲的,只有他知我知,抱着侥幸心理;同时又想,现在社会上哪里不一样?比我收得多的人有的是,撑死胆大的,饿死胆小的,没事。所以,胆子越来越大。"湖南省机械工业局原局长、党组书记林国悌说得更直接:"侥幸心理,是我疯狂敛财、不计后果的'催化剂'。过去,我也曾拒绝过别人的贿赂,第一次收受别人贿赂时,思想上也有收与不收的矛盾冲突。但随着受贿次数的增多,侥幸心理就成为主导思想,结果是胆子越来越大,受贿索贿,肆无忌惮。"

当然,贪官之贪,原因多多,但就当事人来说,侥幸之心无疑是一个很普遍很害人的主观原因。由于侥幸之心深深植根于人性深处,所以任何人都不得不防,尤其是面临诱惑的时候。

4. 以自我为中心

以自我为中心,眼里只有自己没有他人,遇事只顾自己不顾他人,俗称自私,这是又一种相当普遍而又为人所不自觉的人性弱点。这一弱点不仅表现在芸芸众生、普通百姓身上,也表现在赫赫有名、光芒四射的大人物身上。

这里我向大家介绍一本书:英国学者保罗·约翰逊(1928~　)写的,书名叫《知识分子》(杨正润等译,江苏人民出版社,1999)。这是一本相当奇特的书,它奇特就奇特在毫不留情地揭发了一批西方著名思想家和文学家人格中的缺陷。书中剖析的多数都是中国读者十分熟悉的名人,如卢梭、雪莱、托尔斯泰、罗素、萨特、海明威等。这些人在人们的眼里从来都是光芒四射,无比辉煌的,以至于一听到他们的大名就自然而然地仰望之,从来没有想过他们还有什么"阴暗面"。《知识分子》一书颠覆或者说是消解了人们一向的成见。作者用充满怀疑的眼光审视这些大人物的生平史料,特别是他们现实的私人生活,结果发现了这些人个性中的弱点和所犯过的错误,发现了他们生活中种种可恶、可耻、可笑、可悲的一面,他把这些人们一向忽视或淡忘的事实组合在一起并毫不客气地抖搂出来,让读者颇为惊讶和感叹。

约翰逊所揭发的大人物的人格缺陷有许多方面,其中比较普遍的一点是:以自我为中心,或者说是自我中心主义。

——罗列每个人的"表现"是不必要的。这里首先向各位转述书中揭发的第一个人——卢梭的一些事迹作为例证吧!

卢梭是人类历史上里程碑式的人物,他和其他启蒙主义者一道为法国大革命奠定了思想基础,这些众所周知,此处不提。只说一说他个人生活中的几个方面。

首先,说说他是怎样对待自己的恩人华伦夫人的。稍微熟悉卢梭生平的人都知道,青少年时期的卢梭颇为不幸,父母早亡,没有家庭关爱,没有机会受到良好教育,没有固定职业,经常衣食无着,四处流浪。后来他非常幸运地得到了贵族妇女华伦夫人的收养,在她那里度过了14个年头。在这期间华伦夫人给他提供了良好的生活条件和受教育的机会,给了他母爱兼性爱,华伦夫人把一切包括自己的身体都毫无保留地给予了他。可以说没有华伦夫人就不会有后来的卢梭,华伦夫人是他的大恩人。"那么他又是如何对待华伦夫人——他事实上的养母呢?答案是:卑鄙!在卢梭贫困潦倒时,华伦夫人收养保护了他。到后来卢梭得势,而她却变得落魄时,他却什么事也没有为她做。按照他自己的说法,40年代在继承了家庭的遗产后,卢梭寄给华伦夫人'一点钱',可是他拒绝拿出更多的钱来,因为他觉得这些钱只会被围绕在她身边的'无赖们'拿走,这是一个借口。后来,华伦夫人又向他求助,卢梭却置之不理。华伦夫人的最后两年时光是在病榻上度过的。1761年,她可能死于营养不良。"

其次,我们说说卢梭是怎样对待跟随自己一生的女友的。卢梭一生(1712~1778)没有正式结婚,33岁时同23岁的女仆勒瓦塞开始同居,直至逝世。他是怎样对待她的呢?他说自己"从未对她感到一点点爱意……我用她满足肉体的需要,这纯粹是一种性关系,这种需要同她本人毫无关系"。他还写道:"我曾经对她说过,我不会和她分手,也永远不会娶她。"在一定程度上,卢梭看不起勒瓦塞,认为她是一个粗俗的、没有文化的女佣人;他也看不起自己,因为自己居然与这样一个女人为伴。他从不带她外出。宴请宾客时卢梭不允许她入座,当她送进食物时他便"拿她取乐"。卢梭甚至把勒瓦塞犯的一些语法错误汇编起来供贵妇人取乐。他那么傲慢地使唤勒瓦塞,甚至使他的一些有身份的朋友感到震惊。他没有尊重过她,却又从不让她从自己身边离开,说白了是因为卢梭需要她——他需要女友无微不至的伺候,还需要女友的身体满足自己的性欲。

最后,我们再来看一看卢梭是怎样对待自己亲生孩子的。卢梭与勒瓦塞一生共有五个孩子,他把他们全部送进了收养弃婴的孤儿院,此后就不再过问。五个孩子都没有名字,卢梭也从未记住过他们的出生日期,对他们的命运没有表现过任何兴趣。卢梭为什么对自己的孩子如此冷酷无情呢？他辩解说有孩子是一件很麻烦的事，他负担不起。"当房间里充满了家庭的烦恼和孩子的吵闹时，我的心灵如何能得到我的工作所必需的宁静呢？"（参见第6～33页）

从以上几方面我们看到了什么呢？看到了一点，那就是卢梭的冷酷和自私，看出他"以自我为中心"的处世原则。

让我们再来看看约翰逊笔下的雪莱。这里同样不说他的思想与文学成就，不说他的光辉和伟大，而只说他的生活与为人。

雪莱1792年出身于贵族家庭，是五个子女中唯一的男孩，是未来爵位的继承人，从小受着父母的溺爱和妹妹的崇拜。上大学时因思想激进被学校开除，同时与家庭闹翻。他骂自己的家人是一群冷酷、自私，除了吃喝睡无所事事的动物。"他给家人的信读来让人惊奇，在他想榨出钱来的时候，他狡猾地连哄带骗，其他时候就凶狠、粗暴并加以威胁。"他骂父亲卑鄙、下流、粗暴、无耻；诬蔑母亲与妹妹的未婚夫通奸，说母亲同意妹妹的婚事是为了掩盖自己的丑行。事情的起因是对于妹妹的婚事，母亲赞同而他不赞同。

1811年，19岁的雪莱同他妹妹的同学、16岁的哈丽艾特私奔结婚。雪莱喜欢过危险、刺激、动荡不安的生活，几年间他们不停地搬家，先后移居十多个地方，所到之处都有警察的监视和债主的讨账，而且始终总有两个或者更多的年轻女人相追随。哈丽艾特为雪莱生下一个女儿又怀了另一个孩子。"但是她没有能使雪莱永远迷恋的能力，其他任何女人也都是这样。雪莱的爱情深沉、诚挚、热烈甚至是持久的——但他的爱情总是变换对象。1814年6月，他突然向哈丽艾特宣布了一个消息：他同葛德文的女儿玛丽相爱了，已同她一道去了欧洲大陆。她得到这一消息大吃一惊，做出的反应出乎雪莱的意料，也使他不快，他是那种崇高的利己主义者，有着一种强烈的非道德化倾向，他认为对于他的决定，别人不但有义务服从,而且还要欢呼,别人没有这样做时,他立即就表示气愤。"关于抛弃哈丽艾特的理由,1814年7月他在给她的信中说得很清楚:"你从来没有以能使我完全满足的激情来填补我的心灵,这并不是我的耻辱。"这话的意思等于说,你不能永远满足我,这是你的耻辱。——这是什么逻辑!当然,雪莱也对她表示"宽宏大量",希望哈丽艾特不计恩怨仍然做他的朋友,还邀她参加到他与新女友和其他相好女人共同组成的圈子中,并说自己这么做是对她的关爱。但哈丽艾特不愿接受这种屈辱,为了自己的权利,她决定诉诸法律,雪莱知道后勃然大怒。他威胁说:"如果你真的已经堕落到这种程度,你这样做就毁了你自己的目标。甚至现在,我还会想起我们过去的友情,我还希望你没有完全丧失宽宏大量的美德,这会使我对你做出的让步比法律能提供给你的要多得多。如果收到这封信,你还坚持要诉诸法律,显然,我今后就只能把你看成敌人了,把你看成是——最卑鄙、最阴险的叛徒。"从这段威胁可以看出雪莱的意思是,只许我背叛你,不许你背叛我,否则你吃不了兜着走。另外,他明知妻子怀孕却从来不问及她的情况,还不断地写信向妻子要钱、要衣服、要其他东西。他的自我感觉太良好了,在他看来,他自己自始至终无可指责,而哈丽艾特则不可原谅。

雪莱的第二任妻子玛丽,母亲是著名的女权运动先驱,父亲是著名的激进思想家,16岁那年玛丽与有妇之夫雪莱私奔出逃,惹恼了父亲。此后他们几度流亡国外,度过了8年颠沛流离的生活。其间,数不尽的生活惨状都被她体验了:她的异父姐姐范妮自杀;雪莱之妻哈丽艾特被遗弃后饱经磨难跳水身亡;她后来与雪莱的正式婚姻不被英国社会所接受;法院否决了他们收养前妻所生子女的权利;债主们常追逼要债,必须东躲西藏;她父亲拒绝承认他们,却又经常向他们要钱;她年纪轻轻五次怀孕,一次流产,其他四个孩子三个夭折;更让她伤心的是,雪莱风流成性,崇尚性自由,他总是以为对于性行为的通常准则,自己永远有一种豁免权,所以无

一 人性困境

论走到哪里都与身边年轻女性有乱七八糟的性关系,这让两任妻子痛苦万分。为了"公平",雪莱允许妻子也有同样的自由,但他没有想到,她们不像他那样,她们拒绝这种自由。

雪莱也不关心子女。1818 年 8 月,玛丽和初生婴儿住在一个地方,雪莱在另一个地方,他坚持要玛丽和孩子立即到他那里去,完全不考虑路上的酷热,不顾及玛丽母女的身体状况,结果她们赶到后孩子就病了。三个星期后,雪莱又完全是为了自己方便,再次专横地命令玛丽带着孩子同他一道去威尼斯。孩子虚弱而且发烧,一路上嘴和眼睛不断抽搐,到达威尼斯一个小时后就死了。这一沉重打击使玛丽陷入了一种绝望状态,两人关系出现恶化。(参见第 48~64 页)

其他方面不必再说,仅从雪莱与自己最亲近的人的关系我们即可看到,雪莱心中所想的只有他自己,他是一个十分典型的自我中心主义者。

由雪莱我们联想到我国新时期著名诗人顾城。这位先生的诗名当然比不过雪莱,但他的自私、冷酷乃至残忍却绝对比雪莱有过之而无不及。

顾城被人们称为"追求童话的诗人",他的纯真和浪漫令一代青年为之着迷。然而他做的事却让人恶心。顾城做人的最大特点是自私和矫情。对于顾城的这一特点,山西作家李锐在《精神撒娇者的病例分析》(见《谁的人类》,时代文艺出版社,2000)一文中进行过深入剖析,并将其命名为"典型的自恋型精神撒娇者,更准确一点说,在自恋前边还应该加上自私或是极端自私"。

事实正是这样:顾城当初为了追求谢烨,曾经弄了一只木头箱子睡在谢家门前,直到感动了谢家父母。他成功了。妻子从此跟着他浪迹天涯,他要出国就出国,他要"隐居"就"隐居"。结了婚自然会有孩子,可顾城并不想当父亲,谢烨说"儿子出世后,我们夫妻关系一度很紧张,最可笑的是顾城也像个孩子需要人照顾,他认为儿子抢走了我对他的爱。我们之间为这个孩子产生了不少摩擦。后来他企图自绝。在他和孩子之间,我必须做出选择,后来只好把孩子寄养在别人家,他心情才慢慢好转。"顾城可以不要儿子,但是不能不要情人。在他有了情人英儿之后,解决的方式是由妻子谢烨出面办理一切麻烦的出国手续,把情人接到隐居的威赫克岛上来,然后再叫妻子"让贤",由着两位痴男恋女在岛上翻云覆雨。但是妻子只许让贤不许离开,情人只许"尽情"不许"扶正"。"他渴望爱慕他的两个女子也相互爱慕。"可惜,英儿不打算就这样把自己的一生献给诗人。一年半以后,"她是跟一个教气功的洋老头一起失踪的"。于是,感情和自尊大大受挫的诗人,决定把这一切写成一本可以传世的书,书名就叫《英儿》。这本书的写作方式仍是由顾城口述,谢烨打字。所有的情爱和性交场面一一诗意化地重现、重温于"自传式纪实小说"之内,顾城自己说"主要是想反映一些又能解释又无法解释的事情"。顾城只顾自己肆无忌惮地感情宣泄甚至是卖弄隐私,完全没想到可能会给谢烨带来的感情伤害。当有人在电话里问及谢烨,她为什么能在这种事情里付出如此的牺牲和献身的时候,谢烨回答说:"我相信不管顾城与哪个女人好,他都离不开我。他的生活能力很低,依赖我简直到了令人无法相信的地步。"最后,顾城理想王国里的第二个女人也终于要出走了。谢烨终于有了自己另外的恋人。他们已经开始商量离婚的种种事宜。自尊和情感都输光了的顾城惶惶不可终日。终于于1993年10月在隐居的小岛上,极为残忍地用斧头砍死了献身于他十年的谢烨,然后在门前的树上上吊自杀。

　　以上三人,时代不同,国籍不同,还有其他诸多不同,但有一点是共同的,那就是处世为人方面的自恋、自私、自我中心。他们与人相处时从来没有考虑过别人的感情和需要,从来没有想到过理解别人、尊重别人,把别人当作人来看,而是始终固执地陷溺于自我中心之中。正如约翰逊分析雪莱时所说:"雪莱在性关系和财务问题上的不端,他同父亲、母亲、妻子、孩子、朋友、同伴和商人的关系,在所有这些问题中,共同的分母是什么？他除了自己的观点,没有能力看到别人的观点,确实是这样,简言之,想象力的缺乏。"

当然,卢梭等人的自我中心或许是特别极端特别偏执的。但就从总的倾向上来看,以自我为中心,满心满脑只有自己而没有别人,把自己的利益凌驾于别人利益之上,是一种比较普遍的人性弱点或人格缺陷,只不过程度上有所差异而已。由此我们可以说,走出自我中心,力避自我中心,应该是每个人都时时需要加以自省的问题。

5. 傲慢与偏见

傲慢与偏见,也可以视为一个具有普遍性的人性弱点。

"傲慢与偏见"现在差不多已经成为人们口头上的流行语。它的出现,应该源于英国作家奥斯丁的著名长篇小说——《傲慢与偏见》(王科一译,上海译文出版社,1980)。这部小说以细腻入微的笔墨,生动地再现了十八世纪末英国乡村小贵族们的日常生活,尤其是青年人的恋爱婚姻生活。书中男女主角分别为达西和伊丽莎白,他们是作者最欣赏的两个人,作者的婚姻观(爱情是婚姻的基础)就通过他们的结合来体现。然而就在他们二人身上,却分别具有傲慢与偏见的性格弱点。

先说达西,阔家公子,每年有一万镑的收入,身材魁伟,眉清目秀,举止高贵,自视甚高,俨然是大庭广众之中最受瞩目的人物。然而他自己却落落寡合,不愿与任何人亲近,显得高傲冷漠,他从心里看不起别人。他的朋友邀请他跳舞,他一口回绝,说在那样的舞会上跳舞简直叫人受不了,舞会上的女孩没有一个能够打动他的心,如果和她们在一起跳舞简直是活受罪。他的朋友看上了班纳特家的大姑娘吉英,两情相悦本来可以成为一对好恋人,但他武断地出面阻止了这桩好事。理由,他认为一是女孩儿家门第不高,亲戚家也出身低微,他讨厌女孩儿的高攀;二是他认为女孩儿爱得还不够热烈。后来,达西看上了班纳特家的二女儿伊丽莎白,在完全不了解她对他的感情的情况下贸然求婚,结果遭到了严词拒绝。那么高傲的人为什么如此莽撞?原因是他太自负了。他以为凭他的条件哪个姑娘都不会拒绝他,都会认为是一种荣幸,而他向伊丽莎白求婚则是委曲求全,是贬低了自己的身价,甚至是违背了自己的意志。这种傲慢的态度大大激怒了自尊自爱的伊丽莎白,所以坚决果断地拒绝了他。他为自己的"傲慢和偏见"付出了痛苦的代价。

再说伊丽莎白。她聪明,活泼,有头脑,有智慧,遇事有主见,但她对达西也有"傲慢与偏见"的时候。达西的冷傲一开始便给她留下了极坏的印象,她对他有着反感情绪。再加上她认为达西破坏了她姐姐的幸福以及达西对韦翰的苛刻,于是恨上了达西,所以当达西向她求婚时她不但坚决拒绝,而且还说了很"恶毒"的话来刺激他:"我还没有认识你一个月,就觉得像你这样一个人,哪怕天下男人都死光了,我也不愿意嫁给你。"她的"恶毒"让她吐出了一直积存于胸的恶气,她以最大的"傲慢"回敬了达西。但是,正如达西的傲慢是出于偏见一样,伊丽莎白的傲慢也是出于偏见——她对达西的了解太肤浅太片面太囿于自我利害了,她被大量表象蒙蔽了。后来,随着交往的加深,真相逐渐大白,他们二人尽释前嫌,终于幸福地走到了一起。

仅仅是两个主人公有"傲慢与偏见"的毛病吗?当然不是。书中犯傲慢与偏见毛病的人物多着呢!如彬格莱姐妹们,伊丽莎白观察到的是:"她们一味骄傲自大。她们都长得漂亮,曾经在一个上流的专科学校里受过教育,有两万磅的财产,花起钱来总是挥霍无度,爱结交有身价地位的人,因此才造成了她们在各方面都自视甚高,不把别人放在眼里。"她们最擅长最愿意做的是说别人的坏话,一会儿攻击这个人傲慢无礼,一会儿又攻击那个人仪表不佳长得难看,但从来没有想过自己有什么缺点。再如乡村阔太太咖苔琳夫人,自我感觉超好,在有人的场合,差不多一直都是她在说话,不是指出这个人的错处,就是讲些自己的趣闻轶事。随便谈到哪一桩事,她总是那么斩钉截铁、不容许别人反对的样子。她毫不客气地教导别人怎样料理家务,怎样照料母牛和家禽,只要有机会支配别人,再怎么小的事情也决不肯放过。

有傲慢习性的人如此之普遍,可见傲慢是人性的一个普遍性弱点。正如书中喜欢读书的曼丽所说:"我以为骄傲是一般人的通病,从我所读过的许多书来看,我相信那的确是非常普遍的一种通病,人性特别容易趋向于这方面,简直谁都不免因为自己具有了某种品质,或是自以为具有了某种品质而自命不凡。"

转眼二百多年过去,社会进步了,时代发展了,人类的文明程度提高了,人们的"傲慢"之病该好转了吧?没有!还是依然故我。手下有一篇小文章——《"看不起"是种病》——说明了这一点。文章列举了大量例子证明自己的论点(此处从略)。其中一段写道:侄女念初一,某天放学回来报告:电脑老师动不动就骂我们"笨蛋",好像就他是天才,结果有同学偷偷回嘴,"你自己那么聪明,怎么不去做比尔·盖茨,在这里做电脑老师?"对"侄女"的话作者进行了反思,留心了一下整个社会的生存状态,结果"发现小朋友的快捷反应其实来自我们生存的社会。整个社会都处在一个互相'看不起'的状态,以此来证明自己的清醒和存在"。(《报刊文摘》,2010年8月13日)

芸芸众生文化程度普遍不高,眼界有限,因而容易骄傲和自负,那么文化程度高的文人、文化人、知识分子,又如何呢?一样!一样的容易骄傲和自负。要不然怎么自古以来就流传"文人相轻"的说法呢?!这类人因为知道的多,所以更容易膨胀,更容易忘乎所以不知天高地厚。他们评价起人来,要么"狗屁不是",要么"不是狗屁",最后结论是:天下老子第一。

由人的傲慢与偏见,还可以泛化为国家、民族,乃至于都市、地域的傲慢与偏见。如若不信,请读者上网查一查,诸如"某某国人的傲慢与偏见""某某地的傲慢与偏见""某城市的傲慢与偏见"这类标题的文章,比比皆是。如此看来,我们把"傲慢与偏见"作为一个普遍性的人性弱点,还能说没根据吗?!

傲慢与偏见作为一个普遍性的人性弱点,形成原因是复杂的——先天的,后天的,主观的,客观的,社会的,文化的,经济的,教育的,此处不拟讨论。这里想说的一点是,这一弱点虽然是顽固的然而却不是不可克服的。《傲慢与偏见》中的男女主角经过沟通、解释、磨合,消除了隔膜,克服了偏见,最后相互理解达到了和解和睦。当然,造成傲慢与偏见的原因各不相同,因而克服之道也应该各不相同。总的来看应该是拓展视野,开阔胸怀,站在一个高远的境界看别人看自己。作为个人,无论你多么有权有势,有名有钱,无论你多么辉煌伟大,多么了不起,从宇宙、从终极角度看,又算得了什么呢?!从宇宙终极角度看问题,你还"傲"得起来吗?!

无数事实证明,越是有涵养、有水平、得道的高人越是谦逊甚至谦卑,有道是"高僧只说平常话","真人不露相,露相非真人","大智若愚",等等。由此反推,只要人一傲慢,就证明了他非常的浅薄。浅薄而张狂,太可笑,太可怜了!面对那么可怜的人,劝你别厌恶,最好还是怜悯他吧!

(六)不要轻易考验人性

"不要轻易考验人性",这一观点是笔者从上述"人性的弱点",尤其是从"容易受诱惑"中悟出来的;同时也是从世界文学名著《堂吉诃德》中提炼出来的。《堂吉诃德》主要讲主人公堂吉诃德的故事,但在其故事之外,作者用将近三章的篇幅插入了一个名为《何必追根究底》(有译本译为《无谓的猜疑》)的故事。其梗概大致如下:

一 人性困境

意大利弗罗伦西亚（现通译为佛罗伦萨）城有两位富贵公子：安塞尔模（以下简称"安"）和罗塔琉（以下简称"罗"）。两人情投意合，交情甚深，人称"朋友俩"，用中国话说即"铁哥儿们"。安爱上了一位高贵美貌的小姐卡蜜拉，在朋友的说合帮助下如愿以偿地结了婚。安结婚之后，罗为朋友的名誉考虑，出入安家的次数逐渐减少。安觉察后大加埋怨，说早知道结婚会妨碍朋友往来，宁可一辈子不结婚，于是他请求罗仍像以往那样随意出入他的家。但罗行为谨慎，唯恐别人说闲话，他诚心诚意地维护朋友的名誉和他们的友谊。

有一天，两人在城外散步，安向罗吐露了一桩隐秘而强烈的内心愿望。他说自己有富贵的家庭，贤德的妻子，忠诚的朋友，万事如意，按理该感谢上苍，可是他内心深处却苦恼不堪。因为，"不知从哪天起我心上纠缠着一个离奇古怪的愿望"，那就是，"我想知道我的妻子卡蜜拉是否真像我想的那么贞洁、那么完美。我无法证实。金子要经过烧炼，才见得成色好坏；她照样也得经过考验，才见得她的节操"。他认为"一个女人得有人追求，才能断定她是否贞洁。她如果对情人的许愿、送礼、流泪、日夜的纠缠不迁就，那才算坚贞。女人如果没人引诱她的不正经，她的正经有什么稀罕呢？"（杨绛译《堂吉诃德》第 297 页，人民文学出版社，1995）为此，他想让妻子受些考验，受些引诱，他请罗来充当这个引诱她的人，而且要求罗无论如何帮助他完成这桩心愿。

罗认为这是利用朋友干违反上帝的事，不但愚蠢而且卑鄙，这样做会既毁了妻子又毁了自己，还毁了友谊，苦口婆心劝安放弃这桩心愿。但安打定主意要做这番实验，执意要求罗按他的心愿去做。万般无奈之中罗答应了安的要求。

安安排机会和时间让罗和卡蜜拉亲密接触，还备了钱和首饰让罗送给卡蜜拉。罗口头上答应，行动上却不照办，虚意应付。安发现后大为不满，指责罗不该骗他，说他辜负了自己的信任。罗很内疚,发誓按他的要求做。

  为了给罗更方便的条件,他故意离开家,请罗帮助照料家务,陪妻子吃饭,而且强迫妻子接受自己的安排。开头几天,罗什么也不讲,卡蜜拉的贞静、端庄和安详也让罗不敢轻易开口。但是,面对美貌贤淑的卡蜜拉,"石头见了她也不免动情,何况血肉之身呢。罗照理可以跟她说话的场合,只把她看了又看,觉得她真可爱。这个念头渐渐地侵蚀了他对安塞尔模的忠实。他千番百次想出城到别处去,叫安一辈子见不到他,他也一辈子见不到卡蜜拉。可是他见了卡蜜拉又喜又爱,已经撇不下、离不开了。他极力克制自己这种贪恋之情,只顾天人交战,独个儿就责备自己疯了,骂自己不够朋友,甚至不是好基督徒。"(第310页)就这样,他在安离家后头三天还只是内心交战,竭力要克制自己的爱情。可是以后他无论如何再也控制不了自己,于是不顾一切,率意而行,如痴如狂地向卡蜜拉说起疯话来。

  面对罗的疯狂进攻,卡蜜拉坚守阵地,写信向丈夫暗示罗的无礼,请丈夫赶快回来。安知道后不但不担心反而暗自高兴,拖延着不回家,还命令妻子无论如何不能离开家,她只好留下来,为免佣人猜疑也不再躲避罗。"罗抵死纠缠,使卡蜜拉渐渐心软。他流的泪,说的话动了她的怜悯。她十分克制,眼睛里才没流露感情。罗都看出来了,越加热情如火。……他称赞她美,借以打动她的虚荣;因为这点虚荣最能抵消美人的高傲。他紧攻紧打,用猛烈的火力来突破卡蜜拉的坚贞;她即使是铁人儿也抵敌不住。他流泪,央求,献好,赞美,纠缠不已,显得他一往情深,满腔热情,竟使卡蜜拉贞操扫地;他意想不到而求之不得的事,居然成功。"(312页)

  ——就这样,在安的要求和设计下,一对坚贞如铁的人,在爱情的考验也可以说是诱惑之下,一个接一个败下阵来,成了爱情的俘虏。

  接下来的故事更加一波三折,惊险离奇:罗出于猜疑和嫉妒出

一　人性困境

卖了卡蜜拉,后悔,向卡蜜拉坦白,为掩饰他们的关系,共同设计了一场惊心动魄的苦肉计。卡蜜拉假装要杀罗,不成后又假意自杀,骗局演得天衣无缝。后来,卡蜜拉因怕女仆揭露真情,仓促间与罗一起出逃。卡蜜拉进了修道院,罗为逃避良心的谴责死在战场上。知道真情后的安,精神崩溃,伤心而死。死前留下遗言对自己的行为表示忏悔:"我愚蠢无聊的愿望送了自己的性命。假如卡蜜拉听到我的死讯,我希望她知道我原谅她。因为她没有义务创造奇迹,我也没有必要这样要求她。我的耻辱是咎由自取。"知道这一切的卡蜜拉因悲伤太过,不久也死了。

　　这则相对独立于主人公堂吉诃德的故事相当完整,既曲折诱人又引人思考。幸福美满的一对夫妻和一对亲密无间的朋友,竟然毁于一个偶然的念头上,这个念头的荒谬绝伦可想而知。这大概就是故事的表层意蕴:对于珍贵的东西要爱护珍惜,千万不可无事生非,胡乱猜疑。就像得到一颗钻石,最好是珍贵地加以保存,千万不可再用铁锤击打。钻石如果经得住击打,钻石还是钻石,并不能增加什么价值和光彩;如果碎了——这是可能的,你就一无所有了。这其实就是传统故事中惯有的劝世之言。讲一个故事,暗寓一个做人处世的道理。这种做法,中外相通。

　　但故事的寓意似乎不仅仅是一个简单的道德训诫,它让人想得更远更多。安、卡蜜拉的婚姻是美满的,卡蜜拉对安的爱情也是坚贞的;安、罗之间的友谊是真诚的,不掺一丝杂念的。但为什么后来都经不住考验,一个个都打了败仗呢?叙述人的解释是这样的:"要克服爱情,只有逃走一法,谁也不该和这样的强敌交手。因为人性使然,只有神力才能克服。"(第312页)这就是说卡蜜拉背叛丈夫、罗背叛朋友原因是一样的,即人性的软弱。卡蜜拉、罗的道德境界,在安设计的考验之前,应该说都是高尚的,纯洁的,不容怀疑的。关于这一点叙述人用大量篇幅做了反复交代。但在计划实施的过程中,两人都败下阵来,可见所谓"忠贞""忠诚"这些高尚的道德品质,在人的本能性欲望面前,是脆弱的,经不起考验的。

这里我们看到,作者对人性的拷问是冷酷的、严峻的,结论是足以让道德家尴尬的。不仅如此,更让道德家感到吃惊的是,在整个叙述过程中,作者对人性的软弱不是义正辞严地指责,而是充满温情地辩护。作者认为,要求人在爱情的诱惑面前像圣人一样不动心,是不近人情、违反人性的,等于从死亡求生命,从衰病求健康,从牢狱求自由,向叛徒求坚强,一句话,是在"追求不可能的事"。正如罗劝安时所说的,卡蜜拉好比蕴藏着贤惠、美丽、贞洁、幽娴等品德的宝矿,你应该小心谨慎地爱护她,而不应该不顾矿井倒塌的危险还要挖下去,从新的矿脉里找新的、从来没有的宝藏;她那个矿井只靠她脆弱的天性做支架,是很不牢固的。(第308页)总之一句话,在作者看来,人就是人,既不是兽也不是神;拿神的标准要求人,是荒唐的,其失败是必然的。故事中具有荒唐之念的安,临死前悟到了这一点,承认自己的"实验"是愚蠢的、无聊的,自己不该向妻子提出超出人性限度的苛刻要求,"她没有义务创造奇迹"(言外之意,在诱惑面前不动心是奇迹,动了心是常态),因此自己的耻辱是"咎由自取"……

在这个故事里,安家破人亡,身败名裂,真正是赔了夫人又折兵,本该得到最多的同情,但作者对他的责备超过同情,既可怜他又埋怨他,说他活该。相反,对犯了"错误"的卡蜜拉和罗,作者却是理解多于批评,同情多于指责。作者的这种情感倾向反映了文艺复兴时期的时代思潮。由于这一思想合乎人情人性,所以被后来的思想家、文艺家所继承。如尼采在他的名著《查拉图斯特拉如是说》中就明确说道:"不要在道德上超过你们的能力!不要寻求违反你们的可能性的东西!"(转引自《周国平文集》第三卷,第171页,陕西人民出版社,1996)

《何必追根究底》的故事明显是"编的",有点不合情理,让人不信真会有这种事。但是,正因为这种"陌生化"的艺术手法,这种与真实生活的距离感,才显出故事的虚拟性,表意性,才让人从中领悟作者所要表达的对人生、人性的理解,从而听懂他的提醒——不要轻易考验人性,不要和诱惑较劲。

不要轻易考验人性,不要和诱惑较劲,因为人性是脆弱的,容易受诱惑的。这一告诫不但适用于爱情(色)问题上,而且适用于所有对人性具有诱惑的事物上,如同样适用于"色"的兄弟或姐妹的"财"上。

中国共产党第十八次全国代表大会以来,在党中央领导下大力开展反腐败运动,揪出了一批大大小小的"老虎"和"苍蝇"。这些贪官的罪恶,一是贪财,二是贪色。诸多贪官贪赃的数量和手段,简直让人瞠目结舌。现在我们要问,这些贪官个个都受过多年党的教育,都懂得干部是人民的公仆,应该全心全意为人民服务,绝对不应该贪污腐败,可是为什么还一个个堕入罪恶的深渊,成了人民的罪人呢?

原因无非内外两面。从内因说,毫无疑问,这些人忘了入党时的誓言,忘了党的宗旨,人生观、世界观发生了扭曲,被钱和色主宰了。从外因说,是因为他们在自己管辖的范围内权力太大了,而且缺乏监督,没人敢管。试想一下,当一个人权力太大、缺失监督、没人敢管的情况下他将怎样?

古希腊神话中就有一个典型的例子。宙斯是众神之王,地位至高无上,权威无限,没有任何神能够管得了他。对于这位最高统治者,我们没有听说他为国家为人民做过一丁点政绩,相反我们满耳听到的是他和他的姑姑姐姐们乱伦,在神界、人间到处拈花惹草,甚至化为雄鹰掳走克里特美少年伽倪墨得斯,在奥林匹斯山上公然与之欢爱。宙斯为什么如此的荒唐无耻?因为他权力大又没人敢管没人能管,所以才胡作非为、肆无忌惮。宙斯的形象反映了希腊人对人性的洞达——人性是有弱点的,失去约束时就会作恶。

历史和现实无数事实证明,贪官们和宙斯一样,当权力太大而失去约束时会将内心深处的"恶"肆无忌惮地释放出来。当然贪官们没有宙斯那样大的权力,但是他们在自己的一亩三分地上就是小宙斯,开始时或许还有些心理障碍,但是,当看到自己的恶行没有产生任何危险时,就会忘乎所以地放肆起来。正所谓"绝对的权力绝对导致腐败"。

为什么贪官们握有绝对权力而且失去监督?这说明制度设计上出了问题。"制度"上的漏洞给了他们太大的诱惑,太大的诱惑对他们的人性是一个巨大的考验。在如此巨大的考验面前,少有不打败仗的。换句话说,贪官的犯罪,制度上的漏洞也有一定责任。

意识到这一点,在反腐的同时,党中央一再强调加强制度建设。例如,习近平《在第十八届中央纪律检查委员会第二次全体会议上的讲话》中指出:"要健全权力运行制约和监督体系,让人民监督权力,让权力在阳光下运行,确保国家机关按照法定权限和程序行使权力。要善于用法治思维和法治方式反对腐败,加强反腐败国家立法,加强反腐倡廉党内法规制度建设,让法律制度刚性运行。""扬汤止沸,不如釜底抽薪。要从源头上有效防治腐败……最大限度减少体制障碍和制度漏洞。"加强对权力运行的制约和监督,目的是"把权力关进制度的笼子里,形成不敢腐的惩戒机制、不能腐的防范机制、不易腐的保障机制"。(中共中央文献研究室编:《习近平关于全面深化改革论述摘编》第71页,中央文献出版社,2014)

"把权力关进制度的笼子",是总结了古今中外反腐的经验和教训而得出的宝贵真理,其深层是基于对人性的理解和把握——人性是脆弱的,不要轻易考验人性,不要和诱惑较劲。为了保障人们不犯错误,必须从制度的源头上加以治理,让人们远离诱惑,即使面对诱惑也不敢动心。制度的严厉和严密,使掌握权力的人失去了任性的自由,但也"剥夺了"其犯错误乃至于犯罪的机会,这其实是对掌权人的最大保护和爱护。但愿掌握权力的人都能意识到这一点,而不是对严厉严密的制度发牢骚,心存不满。

(七) 研讨人性的意义

1. 有利于全面认识人、理解人、把握人

正确认识人性,把握人性内涵中的两种元素,对于全面认识人、理解人、把握人,十分重要。也就是说,看人要看到人性中的兽性和神性两面。否则,只看到人的"神性"的一面,抽空了人的自然属性,把人等同于抽象的观念,要求人成为不食人间烟火的"神",这是对人性的扭曲和异化。相反,看不到人的"神性"的一面而只看到人的"兽性"的一面,认为人也无非就是动物,这便为人的纵欲享乐,为人的堕落和沉沦找到了借口,同时也为否定人的信仰、人的理性、人的精神追求找到了理论根据。这样造成的结果是一方面走向虚无主义,一方面又走向悲观主义,二者的共同点是对真实的人的形象的歪曲,是对"人"的幻灭。事实上,人就是人,既不是"兽"也不是"神",而是"兽"与"神"的结合体。南非前总统纳尔逊·曼德拉说,我们无论怎样尊崇一个人,也不要把他神化,因为我们毕竟都是血肉之躯!法国当代作家莫洛亚说得更有诗意:"人是落在地上的上帝,但他无时不在怀念天堂。""人类的一大错误是拒绝承认人的动物本性,另一更大的错误则是拒绝承认人的天使本性。"(袁树仁译,《从萨特到普鲁斯特》,第 105 页,漓江出版社,1987)他们的话说得都非常准确到位,对于我们全面认识人、理解人、把握人,具有指导意义。

上述道理,看起来简单,但对于中国文化语境下的读者却有特殊意义。因为中国儒家文化中有"为尊者讳"("为尊者讳耻,为贤者讳过")的传统,只要是"尊者",不管有多大错误多少丑恶,也要掩盖、遮蔽、隐瞒起来,所以我们所看到的"尊者"永远是庄严伟大,

光辉灿烂,永远是高尚完美,通体透明。总之是想尽一切办法不让你看到事情的真相,不让你看到人的真相。不信你比较一下中国人和外国人写的传记,就知道了!若干年前笔者看巴尔扎克、雨果、托尔斯泰、陀思妥耶夫斯基等人的传记,对这些伟大人物身上竟然有那么多缺点和错误,感到不可思议,心理上不能接受。原因是笔者被教育得太纯洁、太简单或者说太愚昧了。后来当文化心理逐渐成熟的时候才悟到,他们的这种写法才真正是实事求是,一切从实际出发,他们给我们看到了真实的人——起码是很大程度上真实的人。而在"为尊者讳"的传统下却做不到这一点。所以鲁迅先生老早就揭露过中国传统文化中有"瞒和骗"的一面,实在是精警透辟之见。中国文化中的这种恶习,至今也不能说得到了彻底清理。

正确认识人性,就像手握照妖镜,能一下子照出伪君子的真面孔。人性理论让我们对口喊高调、自我炫耀的人,保持一份冷静的凝视和怀疑。在《不惑之惑》卷中我们曾举过一些伪君子的例子。

广西壮族自治区原主席、曾任全国人大常委会副委员长的成克杰,在老家亲戚和公众面前,给人的是一种"廉洁自律""遵纪守法"的形象。成克杰平时对亲戚要求特别严格,经常告诉他们不要做违法违纪的事情,在大会、小会上,他更是反复地讲:"钱这个东西是身外之物,生带不来,死带不去,要那么多干啥?"在接受中央电视台记者采访时他曾痛心疾首地说:"一想起广西还有700万人没有脱贫,我这个当主席的睡不着觉啊。"然而,成克杰真正的人生是什么样子呢?他利用职务之便,单独或与其情妇共同收受贿赂款物合计人民币4 109万余元。原来,他是一个贪赃枉法、道德败坏的腐败堕落分子。

江西贪官胡长清,一边把"淡泊明志"和"为人民服务"挂在墙上,一边做着罪恶勾当。

山东泰安原市委书记胡建学一边优雅地说着"钱"是什么——

"钱"就是两个持"戈"的士兵守着金库,伸手就要被捉,一边把手长长地伸向金库,全然顾不得是不是有持戈的士兵把守,其后果是因巨贪被判死缓。

郴州原市委书记李大伦以作家、诗人自许,曾作诗抒怀言志:"从政为官三十年,回首往事心怡然。休言怀才谋大略,但愿清廉归平淡。平生只念苍生苦,富民强国求发展。历尽艰辛终不悔,一腔热血荐轩辕。"其实际也是个巨贪。

深圳原市长许宗衡口口声声表示:"我要做一个清廉的市长,不飘浮,不作秀,不忽悠,不留败笔,不留遗憾与骂名!"其行为与宣言完全相反。

2. 有利于每个人提高道德自律意识

根据人性张力场"理论",我们可以知道,一个人到底是好人还是坏人,似乎很难下绝对的判断。因为人是在不断发展变化的,人的生活中充满了变数。一个人此时是好人,彼时就不一定;在这个问题上的表现是好人,换个问题就不一定;没有面临诱惑时是好人,面临诱惑时就不一定。总之不可把问题说"死"了,不可把人看"死"了,一切都在变化,一切都以具体条件的变化而变化。"好人"与"坏人"之间的界限,有时候仅仅在"一念之间"。因此,人未必就是自己所认为的那样的人。今天我们远离权势,一无所有,我们可以激昂慷慨骂贪官。当然这很好,这表明了我们的道德立场,是非观念。正是这种普遍的道德义愤作为一种社会舆论使得贪官胆寒,从而成为维护社会正义的一种力量。但是骂后我们需静心想一想,假如有一天你坐在那样的位置上,你能保证自己不犯错(罪)吗?在诱惑面前,人都有软弱的可能,你能经得住考验吗?要知道,未经诱惑考验的道德优越感是靠不住的。这些尖锐的问题谁也躲不过,经常拿这些问题问一问自己就可以多一份自我警醒,多一点道德的自律。

3. 有利于学会与有缺点、弱点的人相处

这一点道理也很简单,既然大家都可能是有缺点有弱点的人,那我们就要学会与这样的人相处。因为你所接触的人就是这样的人而不是高尚纯粹没有缺点的人,你不学会与这样的人相处你还怎么生存?"本小姐不与有缺点的人为伍",像林黛玉一样眼里见不得一丝灰尘,孤高自许,那你还不变成孤家寡人啊!古人就知道一个道理:水至清则无鱼,人至察则无徒。即你明察秋毫,把别人的所有弱点都看得清清楚楚,而且不予宽容,那你就没有朋友了,就孤立了,成了众人中的"另类"了。当然这样说绝对不意味着放弃原则和稀泥,我们说的人性的弱点,仅仅是弱点,而不是原则性错误,这一分寸要把握好。

4. 有利于更深刻地理解依法治国的必要性

提出这一点并不是从政治角度而是从学术角度、人性角度出发的。对于人性的理解(人性观)不同,引申出的治国理念也就不同。中国儒家尤其是孟子认为人性本善,所以治理国家只要大力挖掘并弘扬人性中的善的一面就可以了。体现这一思想的典型口号是"内圣外王"和"修身齐家治国平天下"。前一句说的是要想当领导,当统治者治理国家,内在品质必须达到圣人的水平;后一句说的是要想治国平天下,首先你必须修身,即自我修养,把自己修炼成君子、圣人。两句话不同但内在思路完全一样,即把治国建立在人的道德修养之上。这样想不能说没有道理,但结果如何呢?自古以来有目共睹——效果不怎么理想。因为人的道德是个靠不住的东西,他道德高尚,当然皆大欢喜,但要是不好了呢?你怎么办呢?要知道,"一念之间"的那"一念"是由他掌控而不是由你掌控的啊!把如此重大的治国理政之事寄托于人的一念之间,实在是太危险了。如果是小人物败坏了,影响不大;如果是大人物败坏

了呢？影响面就太大了。所以把治国理政单单放在道德层面上的思路是有问题的。

西方人的人性观是人性恶，即今天我们讲的人性中的兽性与魔鬼。既然这样，引申下去就是每个人都会犯错误，因而每个人都靠不住，每个人都不可信任。怎么办？既然人的道德修为靠不住，那就只有建立法律和制度，用刚性的法律和制度来约束每个人。法律和制度告诉你带电的红线在哪儿，不能越过，谁越线谁就要付出代价。这样一来，想犯错的人可能就要掂量一下，犯错值不值。这样一想，就不敢了，就老实了。换句话说，这些人之所以没有犯错误，不是不想犯，而是不敢犯。不敢犯就好啊，不敢就避免了错误。再进一步，法律和制度严密了，你想犯错误都没有机会。正如邓小平同志所说："我们过去发生的各种错误，固然与某些领导人的思想、作风有关，但是组织制度、工作制度方面的问题更重要。这些方面的制度好可以使坏人无法任意横行，制度不好可以使好人无法充分做好事，甚至会走向反面。"（邓小平于1980年8月18日在中央政治局扩大会议上所做的题为《党和国家领导制度的改革》的讲话）

当然，这样说不等于不要道德教育，不等于否定以德治国。因为无论多么严格的法律和制度都是靠人来执行的，人的品质要是坏了，再好的法制也会打折扣。所以对人进行道德教育仍然是必要的。正如第十八届中央纪委书记王岐山所说："我们这么大一个国家、13亿人，不可能仅仅靠法律来治理，需要法律和道德共同发挥作用。"（《做官先做人，做人先修身》，《报刊文摘》，2014年11月26日）总之，依法治国和以德治国二者不可偏废，只有两只轮子和谐地转起来，中国现代化的列车才能跑得更稳更快。

综上所述可知，依法治国的重要性和必要性不是别的，而是因为人性中有"恶"的一面。对于这一面，除了道德教育外，最重要的是不存幻想，用法制的力量加以约束。而且，还有一点虽然有些悲观但却必须正视的事实是,人性是只能引导只能约束而无法改变的。正如恩格斯所说:"人来源于动物界这一事实已经决定人永远不能完全摆脱兽性。"所以,用法制约束人的行为,用法制治理社会,不是一时一事的权宜之计,而应该是永远要坚持、永远不能废弃的事。也许,一千年、一万年之后还会是这样。因为,人们实在无法想象,没有任何法制,让人完全回到本原状态会是什么样。

总之,人是灵魂与肉体、神性与兽性的结合体,这是人性的基本悖论;人,都想做天使,却又容易受魔鬼的诱惑,这是人性的基本困境。了解了人性的这一奥秘,就把握住了人的思想和行为复杂的总根源,获得了一把认识人、理解人、剖析人的总钥匙。

二　命运困境

——人都想做命运的船长，却只能是命运的乘客

这一标题取自于英国科学家赫胥黎关于命运的一段话："我不是命运的船长，只是它的乘客，我无法驾驭它，只能与它合作，从而在某种程度上使它朝着我引导的方向发展。"

赫胥黎的话道出了人们关于命运的同感，道出了命运的困境：人都想做命运的船长，但无奈的是，只能是命运的乘客。换句话说，人人都想掌握自己的命运，却又不得不接受宿命因素的束缚；人只能主宰自己所能主宰的，而不能主宰自己所不能主宰的；人只能改变自己能够改变的，而不能改变自己无法改变的。人们感到，在人的主观能力之外，还有着一种更为强大的力量。那么怎样认识命运的困境呢？应该怎样对待命运呢？

（一）什么是命运？

关于命运的定义，人类思考了那么多年，但是截至目前没有公认的结论，仍是众说纷纭、言人言殊、言人人殊。这里不打算旁征博引，只想化复杂为简单，说说我自己对"命运"的理解：命运是生命的运动轨迹、运动方向、运动形式，是生命在特定时空里的渐次展开。就这么两句，两句大白话。

第一句,我把命运理解为生命的运动。命运,命运,我拆开这两个字,将其理解为生命的运动,这难道不可以吗?一个人的命运不就是说他从生到死所走过的路吗?哪一年出生,出生在谁家,然后三岁怎么样,五岁怎么样,一生各个阶段怎么样。命运就是一个人的人生遭际、人生际遇、一个人所走过的路,所以我把它定义为生命的运动轨迹、运动方向、运动形式。

第二句,命运是生命在特定时空里的渐次展开。一个人的命运发生、运行于特定的时空里,受时间和空间的制约。例如毛泽东的命运,发生的时间段是1893年12月26日到1976年9月9日。空间呢?他诞生于湖南韶山冲,病逝于北京中南海。

我把命运理解为一幅山水画,挂在墙上一点一点地展开,最后展开完我们才看到这幅画的全图。命运也是这样,一天天,一月月,一年年地展开,最后到死的时候,这个人命运的全图我们才看清楚。一天不死,命运的全图就没有完成,就还有神秘性。因为什么时候死,什么原因死,死在哪儿,谁都说不了。

这是我对"命运"概念的简单理解。

(二) 命运是由什么力量支配的?

我把命运理解为生命的运动。任何一种运动都是由某种力量来推动的,那么命运是由什么力量来支配的呢?关于这个问题,也是众说纷纭,莫衷一是,经过归纳梳理,加上我的思考,主要提出四种观点。

1. 命运是由人格神支配的

由于"神"字涵义复杂,可以做多种解释,所以前面加了一个限制词——"人格",即人格神。所谓人格神,即神也像人一样,有肉体,有思想,有感情,跟人完全一样。不一样的是神永远不死,而且全知全能,最重要的是,神主宰人的命运。

二 命运困境

这个人格神是谁呢?在不同的文化背景里,称谓也不一样。在基督教徒眼里,神就是坐在天堂里的上帝;在信佛的善男信女眼里,神是老佛爷;在伊斯兰文化里,神是真主;在中国老百姓眼里,神是老天爷。神住在哪儿呢?在我们不知道的、神秘的、美好的地方。他掌管着世人的命运,如让你什么时候出生,生成男的或女的,生在谁家,长大之后怎么样,总之人生下来以后的一切神预先都规划好了,就储存在他的"笔记本电脑"里,你的出生就是来落实他的计划。也就是说,人的一切都是由人格神来支配的,在漫长的历史进程中,人们就是这样看的。

因为相信神能支配人的命运,所以,要想有好的命运就要"求"他、讨好他、巴结他,甚至贿赂他。于是在初一、十五,老太太挎个小篮子到寺庙里面去烧香,五毛钱香、五毛钱纸,先点上香,再点上纸,然后跪下磕头祷告:"老佛爷呀!你让我们家老头子的癌症好了吧""让我们家儿子升为县长吧""让我们家闺女做生意发大财吧""让我家媳妇生一个儿子吧""让我的孙子考上北大吧——清华也行"……提的都是大要求,高要求,都是生活中很难解决的事儿。生活中解决不了,就想到了求神。给多少钱呢?五毛钱香、五毛钱纸,总共一块钱。花一块钱你就敢提这么多这么大的要求?!你这是侮辱老佛爷,因此老佛爷对老太太的要求不予理睬。——呵呵,开个玩笑啊!说白了,老百姓烧香磕头的时候,也没给你太认真,我们是半信半疑,听说佛很灵验,但究竟是不是这样也说不了,不管他灵不灵,先贿赂他再说,老太太把人间潜规则用到了佛身上。她是在跟佛做交易。这就是中国普通大众的信仰,不是真正的宗教信仰,而是功利化、世俗化的"信仰",甚至已经市场化了,人们力求用最少的钱办最多的事儿,让利益最大化。

除了老天爷、老佛爷,中国人相信的人格神太多了:风神,雨神,雷神,火神,龙王爷,土地爷,灶王爷,阎王爷,财神爷,关帝爷,送子观音——差不多可以说是见神就磕头,逢庙便烧香。

人本困境

如今,人类的各种航天器都上天了,宇宙的秘密也逐渐被窥见了,那里没有天堂,也没有西天净土,人们相信的能支配命运的人格神是不存在的,道理简单,不必多说。

这一种观点没有道理,缺乏理论深度,不说也罢。

2. 命运是由不以人的意志为转移的、客观的超人力量所支配

所谓超人力量,顾名思义即超越人的力量,人没法掌握,没法控制,独立运行。例如 2008 年 5 月 12 日四川大地震,原因是什么?是谁造成的?我们不知道,总之不是人造成的,而是由大自然本身的运行造成的。说来话长,总之是无限因素构成的,我们说不清楚,所以把它叫作超人力量。

现在时令正是春暖花开,谁让树的花开了呢?冬天怎么不开,为什么现在开了呢?谁在支配呢?不知道,我们把它叫神秘力量,宇宙间的一种神秘力量,大自然的力量,这就是所谓的超人力量。

超人力量离我们很远吗?当然不是,超人力量无处不在。好多事情你没有想,一想超人力量就出来了。例如今天上午 9 时 30 分我们在这个地方相见。就这个事儿,你说是怎么发生的?我们是怎么相见的?在这儿相见这个事儿,应该也是命运的一个显现吧!我的人生到今天上午是在这儿开一个讲座,你的是今天上午在这儿听了一个讲座。我们的命运在这个时空点上交叉,是什么让我们在这儿交叉的?能说清吗?真不好说。如果往远处、往深处追溯的话,我们只能说是超人力量。

我是这样想的,宇宙空间何其大也,在这个茫茫的宇宙空间里,你我各自驾着我们的人生小船在这儿航行,我的人生轨道很小,你的人生轨道也并不大,我们两个人的人生轨道完全可能不相交。这太正常了,因为世界上人太多了。一般情况是我在这儿活了一辈子,最后我死了;你在这儿活了一辈子,最后你也死了,哈哈,总不能光我死你不死啊。一般来说,我年龄大,我先死,但这只

二 命运困境

是"一般来说",在"二般情况下"谁先死就不好说,因为有一句话叫"阎王路上没老少",死亡面前人人平等。据我的可靠情报,上帝那里缺一个秘书,他想在我们这个屋里找,我估计他可能不选我,因为我老了,电脑技术也太差了。

——我在这儿大谈死亡,不知道大家心里什么感觉。一般按照世俗的习惯,一说死就心里反感。大家会想,怎么说死啊?什么你死我死的,烦不烦啊?我的意思是要解放思想,要像庄子一样看破生死、笑谈生死,当你能够笑谈生死时候,你就成为人生哲学家了,你就走到很高很高的精神境界里去了。笑谈生死是一种人生智慧,更是一种旷达的人生态度。

把话拉回来——我说我在这儿活一辈子最后我死了,你在这儿活一辈子最后也死了,我在你的黑暗中,你在我的深渊里。因为我和你都在这个世界上生存过,我们相见的可能性是存在的,但这个可能性概率非常小。小到哪种程度呢?小到用数学语言去描述——趋于无限小,接近等于零。现在我们把这个"趋于无限小,接近等于零"的可能性实现了,变成了一个完整的一,变成现实了。如果追溯这个"相见",那就要从我出生说起,从我出生开始那一天,一天天,一月月,一年年,一直走到今天,各位,我走了60多年,一路走来,曲曲弯弯、弯弯曲曲,经过了无数环节,在这无数环节中,无论哪个地方稍微中断一个,我就来不了了,你就见不到我,当然了,我也见不到你。这是从我这儿说,从你那儿说也是一样。总之,从我们出生到现在,千万个环节环环相扣,最后把你我推到这儿,你说神秘不神秘?如果从这个角度来看,各位,我活了六十多年,就是为了今天上午在这儿见你们一面。

这样一看,一个非常普通的日常事实,一件乍看起来没有什么意义的事儿,上升到哲学上想一想就很有意思,非常神秘。那么促使我们走到一起的这种力量就叫超人力量,神不知鬼不觉的力量。这种力量谁也掌控不了,我从来没有计划过今天上午到这儿来见你,甚至今天上午来见谁我都不知道,你也不知道今天上午要见的是我,完全是超人力量把我们推到一起的。因为它太神秘,所以它还有别的说法,也可以叫上帝。这个上帝和基督教堂里的上帝不一样,要加引号("上帝"),也可以叫神,叫终极,叫造化,叫造物主,也可以叫存在,叫道,叫什么都行,总之是说不清的那个东西。

3. 命运是由你自己支配的

这个"你"即每个人,每个人的主观意识。在小学和中学,也包括大学,老师喜欢说这么一句话:"同学们!努力吧,命运掌握在你的手里!"老师这样一说,同学们激昂慷慨、热血沸腾,很受鼓舞,激发起了学习的力量。经过刻苦努力,最后终于考上了理想的大学,于是怀着感恩的心来找老师:"老师,我特别感谢你!就因为你说命运掌握在我的手里,让我有了力量,这才考上了我理想的大学。你要是不说这句话,我还迷迷瞪瞪不知道学习呢。"老师听了很得意。可是这个学生还没走呢,呼呼啦啦又来了好几个学生,他们说:"老师,你不是说命运掌握在我的手里吗,我听你的话,我也尽了最大努力,也拼搏奋斗了,可是我怎么没有成功呢?我怎么没有考上呢?命运怎么不掌握在我手里呢?"他们这样问,你说老师该怎么回答?我看老师没话说,我猜测老师很尴尬。为什么?因为这句话:一,有道理;二,是片面的。命运一部分掌握在你的手里,还有一部分不掌握在你的手里。你努力就一定成功吗?你努力的时候上帝给你打保票了吗?努力吧,你一定会成功!我给你签字画押。不可能的事儿。你努力只是成功的一种原因,还有很多原因你掌握不了,例如咱们说的超人力量。因此,"命运掌握在你的手里"这句话既是有道理的,又是片面的。

4. 命运是由你和"上帝"共同支配的

这个"你"是主观因素,"上帝"是客观因素,即超人力量;也就是主客观两种因素的结合。这种观点很全面,道理不需讲,本讲结束的时候,我还要再提到这个意思。

(三) 命运的秘密

命运的秘密,也可以说是命运的特性、命运的真相,哪个说法都行。这个话题是今天本讲的中心。关于命运的秘密、真相有很多观点,也难以总结归纳完全。这里,我试着归纳了以下几点:

1. 命运的不公平性(不合理性)

关于命运,人们的基本要求是两个字——公平。为什么?因为,用基督教的话说,"我们每个人都是上帝的子民";用中国道家的话说,我们每个人都是"钟天地之精灵,日月之造化,阴阳二气化育的结果";用佛教的话说,"众生平等";用老百姓的话说,"我们都是爹娘生的",所以命运应该平等。听好了,是"应该平等","应该"是人类的理性、理念和理想,我们想让它平等。可是事实如何呢?事实和我们的理念、理性、理想恰恰相反,命运压根就不平等。也就是说它不合你的理念、理性和理想,因此也可以叫不合理。

怎么不平等、不公平呢?从什么时候不公平的呢?压根儿就不公平,从一开始就不公平。"根儿"是哪儿?"根儿"就是人的出生——人一出生就面临许许多多的不公平。

首先是家庭出身的不公平,有人生在当官的家庭里,官员的级别也不一样;有人生在富人家里,富人富的程度也不一样,有百万、千万、亿万富翁之别;多数人生在普通老百姓家里;也有人生在下岗工人家里,而且父母还有病。家庭出身和人的命运的关系还用论证吗?! 家庭状况的区别与生俱来,有时候可能让你一辈子都超越不了。比如就财富这一条来说,有人生在亿万富翁家里,一生下来财产就有他的份儿,他就是富二代富 X 代;你要是生在穷人家里,可能一辈子,或者两辈子、三辈子也不一定能走到他的起跑线上。这是第一个不平等,家庭出身的不平等。

其次是智商的不平等。有人生来特别聪明,是天才,一路顺风到北大,到哈佛,博士、博士后,但多数人智力中等,还有人生来是弱智,是傻子。

再则是长相。有的人生下来就漂亮,多数人一般,少数人丑陋,这符合毛泽东关于事物规律的描述:"两头小,中间大。"在命运问题上,漂亮人是要沾光的——男女都一样,尤其是女性。那么,漂亮就一定有好命运吗?也不好说。"文化大革命"前,有一个漂亮演员叫杨丽坤,《五朵金花》《阿诗玛》都是她演的。看过这两部电影吗?很少有人能像她那么漂亮,但就是她的漂亮给她带来了不幸。"文化大革命"当中,她受到了迫害,方方面面的迫害。没有什么原因,她年纪轻轻,才 23 岁,非常清纯,有什么政治上的罪恶?!没有什么,她既不是书记,也不是团长,因而不是"走资派",就因为说不出的理由,就因为你漂亮。你凭什么漂亮?我们都不漂亮,就你漂亮,于是大家心里羡慕嫉妒恨,于是她就遭殃了。美貌反而给她带来不幸,带来灾难,这就是天下事有一利必有一弊,说得一点不错。

此外还有身体条件。有人生下来就健康,任何病都没有,遗传决定他健康,遗传密码决定他长寿。人的健康和长寿与遗传密码有很大关系。有人生下来先天性心脏病,先天性这病那病。

时间有限,咱们就说这四项——家庭出身、智商、长相和身体条件。和人的命运关系最大的四个因素不一样了,因此人的命运一生下来就已经不一样,已经不公平了。

如果生下来就幸运,那太好了。如果生下来就不幸呢?你肯定心里很怨恨,接受不了:凭什么让我生来就不幸呢?如果我上一辈子杀人放火了,这辈子你让我怎么不幸我都认了,因为我活该,我愿意用这一辈子的不幸来赎罪。但是,谁能证明我杀人放火了?没人能证明我上辈子杀人放火,你凭什么让我生来就不幸?怎么

二 命运困境

样,问得很有道理吧!你问得很有道理,问得激昂慷慨,问得理直气壮,问得咄咄逼人。可是,你问谁呢?请问,你问谁呢?谁能回答你的问题呢?父母知道吗?爷爷奶奶知道吗?没有人知道,没有人能回答你的问题。我们平常有一句话叫"冤有头,债有主",谁是冤家你可以找他报仇,谁欠你债你可以找他归还,但现在让你天生不幸了,你既找不到"头",也找不到"主",你不幸就不幸了。你毫无办法,没有人给你一个说法,没人给你一个理由。换句话说,你不幸就不幸了,没有原因。真是要让你气死啊,天生的不幸,可是你又毫无办法。这就是命运的真相,命运的残酷性,你接受也得接受,不接受也得接受。古希腊人有一句话,在命运问题上,愿意的,跟着走;不愿意的,被拖着走。

北京作家史铁生就看破了这个问题。史铁生说:"命运从一开始就不公平,人一生下来就有走运的和不走运的。"在《我与地坛》中他还说:"就命运而言,休论公道!"这话很沉痛,也很透辟;很理性,也很无奈,这就叫大彻大悟。

这是天生的不公平,先天的不公平,那么后天呢?即走向社会呢?走向社会之后,我们可以肯定,会有更多的公平。因为社会的游戏规则是人类自己制定的,制定规则就是为了让人类生活公平,随着时代的发展,社会会越来越公平,这是文明发展的大趋势。可是你记住,无论社会有多少公平,不公平仍然存在。有一个哲学道理在这儿等着呢,它就是——公平是相对的,不公平是绝对的。只要你还在讨论公平,就意味着一定有不公平存在。这是理论,现实呢?现实不用我举例,你自己可以举出好多。目前社会生活各个领域都存在着这样那样的不公平,这是人们的共识。说要建设和谐社会,最重要的就是要消除各种不公平。社会问题咱就不说了,总之是有各种各样的不公平。

自然界有不公平,社会领域也有不公平,这两个不公平加起来再上升,上升到哲学上叫差异,不公平就是差异。差异是世界的真相,存在的真相。有这样的说法:世界上没有两片绝对相同的树叶,没有两粒绝对相同的沙子,没有两张绝对相同的脸。现在六七十亿人,没有两个人长得绝对相同。想来真是特别奇妙,特别神秘。人的脸就这么大的面积,大概100平方厘米左右,在这不大的面积上,给你安排了眉毛、眼睛、鼻子和嘴巴这几种东西,而且安排位置还一样。小小面积,这么多内容,让70亿个人都不一样,这个事儿真要本事了。如果让人来安排,我看谁也安排不了。如果让你安排,你能让1 000个人脸不一样,那你就是艺术大师了。但是造物主竟然能让70亿人不一样,简直太神奇了! 当然,可能有人反驳我:有人一样。谁呢? 孪生子女。我的回答是,你认为一样吗? 你是猛一看一样,细看就不一样,如果绝对一样,他们的父母也就认不出大虎二虎、大芬小芬了。总之,天下万事万物都是有差异的,有差异是世界的本相,是存在的本相,因此命运的不公平也是世界的真相。

那么,对于这么多不公平,我们都该照单全收吗? 当然不是! 我的意思是,对于自然领域即天生的不公平如家庭出身、长相之类,我们没有办法只好认了;而对于社会领域的不公平则应该尽最大努力促使其走向公平。但是还要记住,无论你做多大努力,不公平照样存在,这是铁定的现实,我们要认清这个现实。认清这个问题,对于理解现实、把握命运都有帮助,会让我们进入到理性的、智慧的境界中去。

2. 命运的偶然性(随机性)

这里说偶然性也行,说随机性也行。我要讲的是这么个意思,影响或者说决定人的命运的因素,到底是偶然的,还是必然的? 这个不好说。有的是偶然的,有的是必然的;有时候是偶然的,有时候是必然的——必须具体问题具体分析。过去我们对"必然"讲得比较多,现在我从偶然性角度观察命运,发现影响人的命运的因素

二　命运困境

常常是偶然的。

怎么个偶然法呢？让我们从命运的发生说起。命运的发生，即命运的起始点是人的出生。人的出生本身就是一个绝对偶然的现象。不知道各位想过这个问题没有？下面我给大家做一个论证，举一个例子。谁？张三。张三的出生是因为他父母的结合，张三出生了，就意味着他一定有父母，这是必然的。可是反过来，有了张三的父母，但有没有张三却不一定。张三是他父母某年某月某一天结合的结晶，而张三的父母换一年，换一月，换一天结合，生的便可能是张四，而不是张三了，可能是一个女孩，而不是个男孩了，总之是"另一个"孩子而不是特定的"这个"孩子了。

我们再假定，就特定在张三母亲受孕的那一天，有没有张三还是不一定。为什么呢？因为从生理知识角度讲，男性生殖细胞精子数是多少？过去说是上亿，现在说是三亿，也有人说七点八亿，而女性生殖细胞卵子就一个。一边是一个，一边是上亿、三亿、七点八亿，人的受孕就是一个精子和一个卵子的结合，所以说张三出生的概率就是上亿分之一、三亿分之一、七点八亿分之一。你看张三的出生有多么偶然吧！换一个精子捷足先登和卵子结合，生的就是另外一个孩子，而不是这个孩子了，而偏偏就是张三，这就是极大的偶然、极大的随机。

我们还可以再换一个角度，张三的出生是因为他父母的结婚，而他父母的结婚这件事儿本身又是无限偶然。假如说张三的父母是我们河南大学文学院80级的学生，同班同学，谈恋爱结婚之后有的张三。我们再来假定那年河大的录取分数线是450分，而张三他妈（说他爸也一样），刚好考了450分，一分不多，一分不少，多一分浪费，少一分她来不了，压着分数线来到河大中文系。

我们又假定，7月7号上午考语文，第一题是什么？汉语拼音。ABCD四组十六个词，其中有一个字二声标成三声了，张三他妈出生在农村，从小学到高中，老师都不说普通话，因此张三他妈对这个问题一筹莫展,一点都不知道。她老师也交代过:"同学们,我们是农村学生,普通话是我们的弱项,如果遇上这个题,你千万别思考,你别在那儿浪费时间,你上来就蒙一个,随便蒙一个就行,听天由命吧!"张三他妈记住老师的话,上来蒙了一个 A,结果蒙对了,于是就有了两分,于是就有了 450 分,于是就来到了河大,就见到了他爸,就有了张三。假定当时张三他妈眼一黑选 B 或者选 C、D 了,就没有这两分了,就来不了河大了,见不到他爸了,也就没有张三了。也就是说,张三他妈眼一黑,就把张三黑没了。张三出生不出生就决定于他妈眼一黑,就这一念之间,就可以有张三,可以没有张三,你说偶然不偶然?

各位,这才是第一题呀,后面题还多着呢,哪个题张三他妈都没有绝对把握,所以张三他妈还要继续"黑"下去,摸着石头一路"黑"下去,需要张三他妈连续在考场"黑"三天,这三天当中,张三随时都有不出生的危险。

连续三天"黑"完了,终于走出了考场,走出考场就一定有张三吗?还不一定。咋了?出考场就开始报志愿,你如果报郑大,就没有张三了,报河大就可能有张三;你报中文可能就有张三,你报历史、哲学、经济,报其他学科就没有张三了。报志愿也是张三出生不出生的一个关口。

然后是改卷,知识题咱就不说了,就说作文题,60 分,在这个人手里改 35 分,在那个人手里改 45 分,一下子差 10 分,各位,你说可能不可能?这是主观题呀,凭印象、凭感觉呀,差 10 分是完全可能的。当然这是过去,现在不可能了,现在非常严谨,非常科学了。张三他妈的卷子到这个人手里没张三,到另外一个人手里有张三,张三他妈的卷子到底到谁手里,谁能知道呢?也就是说张三的出生不但决定于他妈,而且决定于谁改卷。总之,无限因素——随时随地可能遇到各种各样的因素,各种各样小小的因素就可能决定张三的出生与不出生。

二　命运困境

我写演讲稿写到这个地方的时候,如果单是论证命运的偶然性已经足够了,可是我感到我已经窥见了命运的秘密,于是我心情激动,刹不住思维,便放任思绪继续奔腾下去,继续往下想。我是这样想的:张三的出生决定于他爸和他妈,那么他爸妈又是怎么来的呢?张三他爸的出生决定于他爷爷和奶奶,张三他妈的出生决定于他姥爷和姥姥,往上推一代,偶然性就多了一倍,越往上推人越多。假如张三算一代,往上推一代是父母,再往上推两代是爷爷奶奶,往上推到第十代,张三的祖宗是 512 个人,往上推到二十代,张三的祖宗是 524 800 多人。各位,往后数越来越大,二十代是 52 万多人,那二十一代呢?再乘以 2,那就是 100 多万人。

就说到第二十一代上,第二十一代祖宗就有 100 多万人,假定说 25 年为一代,第二十一代是 525 年前,也就是说,在 525 年前,这个世界上有 100 多万人在那儿盲目地结合结合结合结合,525 年之后有张三出现。况且,你要想,这仅仅是二十一代,如果加上二十代、十九代、十八代……把前面的全部加上去,这就不是 100 多万人的问题。各位你想,这是多么巨大的人际网络啊!五百多年间,几百万人在那儿盲目地结合结合,这么巨大的人际网络,这几百万人,如果有一对夫妻,有一个人,因为一个极其偶然的原因——就像张三他妈眼睛一黑选 A 或者选 B。有了这样偶然的原因,瞬间巨大的人际链条全部中断,最后就没有张三了。现在巧的是,525 年间,这几百万人在那儿盲目地结合结合结合,最后有一个张三出现,真是天衣无缝。

各位,你说神不神?你说奇怪不奇怪?如果从这个角度来看,简直是太神秘了。一个人出生竟然是这么神秘,太了不起了,太偶然,太伟大了。从这个角度来说,每个人的出生都是一个巨大的偶然,每个人的出生都是上帝的造物,都是神的杰作。

这个巨大的、背后的东西叫什么呢?刚才我们说了,叫超人力量,叫神,叫上帝,叫造化,叫造物主,叫天,叫道,叫存在——我们

人本困境

平常老是说造化、造物主、神,老是感觉非常抽象,现在我用张三的出生给你论证了,它不抽象,它非常具体。我们通过张三的出生看见了造物主的真面貌,看见了上帝的真面貌,看到了神的真面貌。我们常说"冥冥之中",什么是"冥冥之中"?这就是!我当时非常激动,坐在那儿半天起不来,沉浸于一种无比美妙的心境中。这就是借助日常事物、日常现象与天、地、神相对话,与宇宙、自然相对话。天地有大美而不言,借助张三我们悟出了这里的"大美",从而进入审美境界。这就是对人生某个方面的大彻大悟,我们看到了人生、命运背后的秘密,非常非常有意思。

爱因斯坦通过他的科学研究发现了宇宙的奥秘,惊叹宇宙的神秘,造化的神秘,他认为自己发现了"上帝",他称自己是宗教徒,但不是基督教堂里的教徒,而是宇宙宗教徒。现在我们通过张三的出生,同样感受到了宇宙的神秘,造化、造物的神秘,日常事物的神秘,悟到了有大美而不言的天地万物。这是极高、极深、极美的精神享受。顺便说一句,世界上的所有学问,说到底都是和宇宙天地相对话,都是和上帝和神相对话,都是在勘破宇宙天地的秘密。在宇宙本体天地万物这里,各类学科交融汇合,有了共同语言。

让我们接着说命运的偶然性。

换一个角度,人,生下来了,来到这个世界上了,来到世界上还是继续要面临偶然,我们的人生遭际处处都是偶然。我这儿拿了一篇文章,是2007年2月15号《大河濮阳网·文学频道》上的一篇文章,题目是《人生有什么好算计的》,涵义是,人生没什么好算计的。这里面讲了这么个意思:所有人的命运,原本就是不确定、不可靠的,之所以成为现在这个样子,实际上都是一个个说不准的意外和偶然。

文章以登山运动员桑巴的人生经历为例。桑巴有一次登山,离正确路线只差了半只脚,但是就是这半只脚让他跌入了冰川,跌落到了死亡之谷。要是一般人就死了,但是他非常幸运,他被救活

二 命运困境

过来了。救活过来之后,人们问他:"桑巴,这十来天,你在死亡之谷里都想了啥呀?"桑巴说:"我把自己的人生仔细地想了一遍,我发现人的命运原来都是不确定、不可靠的,之所以成为现在这个样子,实际上都是一个个说不准的意外和偶然,一切都是只差了那么一点点。"

桑巴举了一些例子,首先说他的婚姻。他和一个姑娘订婚好几年了,马上要结婚了,女方临时提出多要一张牛皮。因为这一张牛皮他烦了,原来说得好好的,现在又要东西,让人感觉不舒服,因为这个吹了。和这个姑娘吹了,肯定和另外一个姑娘结婚,一张牛皮改变了他的命运,改变了他的人生轨迹,因为和谁结婚后的人生是大不一样的。他和另外一个姑娘结婚之后,两个人性格不合,经常吵吵闹闹,后来一气之下决定离婚。就在要离婚的时候,忽然下起了暴风雪,他们离镇公所大概几十公里,暴风雪下了六七天,六七天过去之后,他们两个都不气了,也就不离婚了——一场暴风雪影响了他的命运。

还有,他七岁时候去游泳,因为水平不高,一入水感觉便不好,越游离岸边越远,快要沉下去淹死了。一般的情况下,藏区人烟稀少,淹死就淹死了。恰恰在这个时候,岸上有一个人跑下去把他救了上来。他问:"这个地方平常都没有人,你怎么在这儿呢?"那人说:"我跟老婆生气了,心烦,不想在家,所以就到这儿转转。"如果不是那个人跟老婆生气,他就没命了,别人的偶然决定了他的命运。

还有一次,他出差,在火车上他急着去解手,敲门里面有人,他等不及,只好到了另外一节车厢。出去没几分钟就出车祸了,他原来坐的那节车厢里死了十几个人,其中就有厕所里的那个人。他想,要是早几分钟我进去了,那死的便是我而不是他。

诸如此类,这篇文章讲了好多,最后的结论就是"人生没有什么好算计的"。我们平常有一句话叫"人算不如天算",就是这个意思。

偶然性在我们的生活中无处不在,例如打扑克,打麻将,买彩票,玩股票,抓阄,打赌,猜拳,无一不是偶然性。

我们如此强调偶然性的作用,那么必然性在哪儿呢?无数偶然的组合就是必然啊!张三的出生,就是无限偶然组合的必然结果,必然性就在这无限偶然组合之中。"万事万物,你若预测它的未来你就会说它有无数种可能,可你若回过头去看它的以往,你就会知道其实只有一条命定之路。"(史铁生语)

3. 命运的荒诞性

什么叫荒诞性?暂不下结论,先举个例子。史铁生有个短篇小说叫《宿命》,故事梗概大致是这样的:26岁的莫非,在一所中学教物理,志存高远,经过努力,终于考上了美国的研究生。各位要知道,20世纪80年代能考上大学,哪怕是个专科都很了不起,而他考上美国的研究生,那就更了不起了。真是得意啊!高兴啊!兴奋啊!激动啊!

签证办好,飞机票买好,明天就要到美国去的时候,那天下午莫非给学生讲最后一课,课讲得很投入,可后面一个学生在那儿老是嘿嘿嘿地笑。他暗示那个同学别笑了,他不笑了,一会儿,他又笑,莫非终于忍无可忍,说:"那位同学,请你到教室外面去。"他耐着性子把课讲完,出来问那个同学:"平常你那么老实,那么认真听课,今天你为什么总是嘿嘿地笑啊?"那个学生什么都不说,红着脸,继续嘿嘿嘿地笑,再问,还是嘿嘿嘿地笑。这时候校长来了,说:"莫非,今天晚上我请客,我买了两张歌剧票,《货郎与小姐》,咱们在戏院不见不散。"校长给戏票,盛情难却,他就去看戏了。一看看到晚上十点半,到戏院门口和校长告别,莫非忽然感觉肚子饿了。旁边有一个包子店,他去排队买包子,前面六个人,他是第七个。一笼包子出来,前面六个人呼呼啦啦买完了,就剩下一个,莫

二 命运困境

非很失望,本来打算买八个,可是只剩下一个,怎么办呢?先买下来,吃了再说吧,因为再等一笼还要20分钟,那时候都可以回到家了。吃完包子,莫非骑着自行车独自穿行在宽阔的马路上。莫非那个心里美呀,一边骑一边吹着口哨:"我们的生活充满阳光","我们走在希望的田野上"。走到离家不是很远的地方碰到一个同学,同学问他:"莫非,什么时候走?到时候打个招呼,哥儿们送你去。"打招呼用了十秒钟左右,然后他又继续骑着车往前走。忽然,他的自行车撞到一个东西上,就在这个时候一辆大卡车飞一样地开过来,把他拦腰撞断,莫非昏死了过去。等他醒过来已是一星期之后,醒过来之后看见上面是白的,下面也是白的,周围全是白的,"这,这,这不是医院吗?我不是要到美国去吗?我怎么来到医院了?"医生告诉他:"莫非,你已经高位截瘫了,你这一辈子都要躺在病床上了。"你说,他就要到美国去,他是天之骄子,命运正在巅峰运行,得意万分,现在突然跌到地上——还不是地上,我们在地上,他残废了,他是在深渊里。我们平时说一个词,叫天壤之别,是天上和地上之别,现在不是地,而是渊,叫天渊之别——由天堂到地狱。

命运发生如此大的变化,莫非感到天昏地暗接受不了,他第一反应是想自杀。于是莫非头撞墙,莫非头撞地,莫非要摸墙上的电线盒,莫非要喝敌敌畏,一定要自杀。可是人倒霉的时候想死都死不了。各位,这句话太沉痛了!人倒霉的时候想死都死不了,这是生活当中史铁生的原话,他用到了艺术上。周围那么多人看着你呢,能让你死吗?死不了。

死不了他就在慢慢考虑,我为什么这么不幸?是什么原因造成了我的不幸?我怎么就躲不开这一秒钟?他就追溯这个线索,往前干啥呢?碰见了个同学,他说要送我去,打招呼用了十秒钟。这事儿怨同学了,如果我不见你,我不是就没事儿了吗?可是后来想想,你怨同学合适吗?你为什么在这个时候,在这个地方能见他,在这之前又干啥了? 在这之前看戏了,之前校长给戏票了,给那个学生做工作了,给那个学生做工作是因为那个学生嘿嘿嘿地笑了。可是那个学生为什么嘿嘿嘿地笑,不知道了。追到这儿线索断了。

下面的叙述是:"我万般无奈,只好写小说。"结果莫非的小说写成了,获了国内大奖了,获得大奖后周围人向莫非祝贺,最后来向他祝贺的是他教过的那个班的学生,其中就包括那个嘿嘿笑的学生。师生相见分外高兴,在酒足饭饱该分别的时候,莫非提出耿耿于怀多少年的问题,他问那个同学:"那天下午,你为什么要笑啊?""哪一天啊?""那一天!"慢慢地他回想起来了,他想起来之后红着脸继续嘿嘿嘿地笑。同学们问他:"老师问你问题,你怎么不说啊?""我说了你们也不信。""你不说怎么知道不信?""说!"在一群人的威逼之下他说了:"那天下午,我正在静心听课,忽然……"各位,注意了,又是忽然,又是偶然,又是随机。"忽然我一扭头,看见学校大门口进来一条狗,那条狗大摇大摆地往学校中间走,最后走到学校中心广场上,面对毛主席的塑像,放了一声发闷的狗屁,我感觉很好笑,所以我就笑了。"这一笑不要紧,莫非的命运就栽到这声狗屁上了。也就是说,一声狗屁颠覆了莫非庄严神圣的命运。

这是作者刻意构思的,作者设计的这声狗屁是一个意象。意象的意思很简单,我们平常说,"你这东西算狗屁!""你这东西狗屁不是。"狗屁就是啥都不是,微不足道,不值一谈。但是现在这个微不足道、不值一谈的东西竟然颠覆了你庄严神圣的命运,你不信吗? 你不信,它已经成为现实了,已经颠覆过了。这让我们哭笑不得啊! 一边是命运,庄严神圣;一边是狗屁,啥都不是。但是就是这个啥都不是的东西颠覆了你,这就叫荒诞性。这就是典型的荒诞。

外国有一首童谣,很有意思。它的大概意思是这样的:两个民族进行大决战,其中一方惨败,但怎么败的呢? 因为情报没有送

二　命运困境

到。为什么没有送到？过去都是骑马，因为马脚掌出血了，跑不动了。为什么出血呢？因为马掌掉了。为什么马掌掉了呢？因为钉马掌的小钉子掉了。就因为一个小钉子掉了，马掌掉了，马跑不快了，情报送不到了，一个民族就被打败了。一个小钉子影响了一个民族的命运，这就是命运的荒诞性，多么无奈，多么沉重！

4. 命运的连锁性

连锁性就是连锁反应，命运的连锁性即命运的多米诺骨牌效应。西方有个游戏叫多米诺骨牌，那么多的骨牌，都在那儿立着，推倒了第一张即会打倒第二张，第二张打倒第三张，依次类推，整个都可以打倒。命运也是如此。在一个人的人生路上，一旦一个小小的因素加入进来，就可能会导致命运发生连锁不断的持久反应。

我举一个小小说——史铁生的《草帽》，一个老头坐在湖边，一阵风过来把草帽刮到湖里去了，这时一个男青年、一个女青年恰巧都走到这儿，两个人都是好人，抢着去帮他捡草帽。两个人就这样认识了，后来谈上了恋爱，两年之后决定结婚。男人非常感慨："我找了三十多年，没想到我要找的就是你。"女的也非常感慨："你算说对了，我等了三十多年，没想到我等的就是你。"是谁给了他们这么大的幸运呢？想了想，是那个草帽。就因为老头的草帽我们两个人认识了，他就是我们的媒人，我们的恩人。他们去向老头道谢，但老头不接受。老人说："我不接受你们的感谢，我不敢接受你们的感谢。""怎么了？"老头说："你们结婚之后是要生孩子的吧？""那当然。""你们孩子还是要生孩子吧？""那肯定。""因为你们两个人的结合，你们将子子孙孙无穷匮也。因为我的草帽你们两个人幸福地结合了，可是谁敢保证你们的子子孙孙每个人都幸福？如果有人不幸了，他们也要找原因，一找二找找到你们两个，找到我的草帽。这个草帽是你们两个幸福的原因，同时也是他们不幸的

人本困境

原因,我还要为他们的不幸负责吗?"老头儿的一番话把两个人说愣了,老头就像神一样,看得很远很远,看到了命运的连锁性。

我再给大家举一个历史中的例子,即鸿门宴。当时刘邦力量弱,项羽力量强,项羽的谋士范增设计要在鸿门宴上杀刘邦,结果刘邦走掉了。刘邦一走,后来就有了西汉,有了东汉,有了魏、晋、南北朝,有了隋、唐、元、明、清,有了"中华民国",有了中华人民共和国,有了改革开放,也就有了我和你在这儿上课了。

还有另外一种可能,如果当时项羽听懂了范增的话,一不做二不休把刘邦杀了,可能不可能? 完全可能,而且这个可能性还非常大,比刘邦走掉的可能性还大,因为设宴的目的就是杀刘邦。如果项羽把刘邦给杀了,就没有西汉,没有东汉,没有魏、晋、南北朝,没有隋、唐、元、明、清,没有"中华民国",也没有中华人民共和国,也没有改革开放……各位,我和你便都不存在了,这个世上没有我们了。

完全可以肯定,中华民族还要延续,但是生存过的和现在正在生存的将是另外一批人,而不是现在的这么一批人。中华民族的历史还要延续,但是排序不是西汉、东汉,直到现在……而是另外无数种可能的排序,可惜它没有实现,就沉没在了无边的黑暗当中了。

人的命运的可能性多得很啊,历史的可能性多得很啊,实现出来的只是其中的一种,另外无数种谁也无法知道了。从某种角度来说,项羽的一念之间可以决定中华民族的命运,影响中华民族的历史;而且进一步想,项羽这一念,难道仅仅是决定了中华民族的命运吗? 中华民族太大了,在世界格局当中举足轻重,中华民族一变,全世界跟着变,全人类跟着变。也就是说项羽这一念之间可以影响全世界,影响全人类。你仔细想一想,是不是这样的道理? 是不是这样的情况? 太有意思了! 太神秘了! 这就是命运的真相,世界的真相,生存的真相。一切都在冥冥之中,自有道理。

二　命运困境

一个原因可以造成无限的连锁反应,这个连锁反应也许是看不见的,神秘莫测、无法掌控的,但是它就在那里发生着,独立自在地运行着。现在自然科学上有著名的蝴蝶效应,说的是一只蝴蝶在大洋此岸扇动翅膀,在大洋彼岸则可能掀起一场飓风。一个微小的东西最后可以造成谁也想象不到的巨大影响,这就是事物之间神秘的内在联系。

5. 命运的神秘性

神秘性也可以叫不可捉摸性、不可预测性。这个我就不打算去论述了,前面的所有论述都可以拿到这儿来。为什么我们对命运感到神秘呢?为什么命运不可捉摸、不可预测?就因为它背后有无限因素。那个无限因素我们把握不住,我们无法预知,无法掌控,因此它才神秘。这个神秘不是因为有一个人格神在掌握,而是由于超人力量无限因素在那儿起作用。我们平常把它叫缘分,什么叫缘分呢?像我们走在一起就是缘分。缘分就是无限偶然因素的"因缘和合",最后走到一起。你怎么能够把握和预测呢?谁都不知道,也根本不知道。你不知道明天这个时候你在哪儿?你不知道某某年你还在不在?总之就是神秘。中国古人已经认识到了这一点,《易经》上说,什么是神?"阴阳不测谓之神","神也者,妙万物而为言"——所谓神,是就万物存在的不可言传之妙而言的。神即万物,万物皆神。

关于命运的神秘性,史铁生说过一句话很有意思:不知道命运是什么,才知道什么是命运(史铁生,《务虚笔记》,中国工人出版社,2010)。这句话很幽默俏皮,很别致好玩,意思不用解释,反复读几遍就明白了。

6. 命运的辩证性

命运的辩证性其实就是命运的辩证法。如果用辩证的眼光看

命运,我看出这么三层意思:

(1) 好运与坏运是相对的而不是绝对的

我们都希望自己有好运,那么你评价一下你自己的命运,到底是好还是坏呢?我看不好说,因为你要判定好坏总要有一个标准,有一个参照物,否则无法判断。我 1.75 米,你说我是高还是低,我看你不好说。和姚明比,我低;和低于 1.75 米的人比,我高。要评判一个事物必须要有一个标准,好运与坏运也是这样。现在我们坐在这儿,从生理感觉上来说,我们没有感觉到自己很幸运,也没有感觉到自己很不幸运。总之是没感觉,因为没有参照物。

假如现在提出一个参照系,和医院的病人比,我们就是幸运的。医院里的病人,要么在门诊,要么在病房,都是有病,没病不去医院,我们和他们比就是幸运的。昨天晚上牙疼,今天上午坐在这儿不疼了,和昨天晚上比这就是幸运。

北京作家毕淑敏有一句名言:"幸福是需要提醒的。"用什么提醒呢?用灾难和不幸。你没有感觉到自己幸运吗?给你一个灾难和不幸,你会立刻感觉到原来自己很幸运。

还说刚才的史铁生,他 21 岁瘫痪在病床上。史铁生说,刚瘫痪的时候,我感觉天昏地暗,活不下去。各位你想想,21 岁的男孩子正是活蹦乱跳、血气方刚,美好生命正在展开,忽然一下子倒在病床上,谁能接受?别人都可以走,可以跑,为什么偏偏我这一辈子不但不能走和跑,而且连站也不能站了呢?他接受不了,他要自杀,刚才说莫非头撞墙,莫非头撞地,莫非要摸墙上的电线盒,莫非要喝敌敌畏,这些都是作者的真实感受。他说,后来我躺在床上的时间长了,得了褥疮,浑身烂,钻心疼,这个时候才明白,原来我残废、瘫痪也是好的,得了褥疮之后才知道不得褥疮的时候是多么清爽。史铁生 46 岁又得尿毒症,一点尿也不会排了,三天一透析,需要把血抽出来,把毒素过滤掉,然后再输进去。这是多大的不幸啊!史铁生说我得了尿毒症时明白了,你就是让我浑身褥疮我都

二　命运困境

认了，我也是幸运的。史铁生最后的总结是，没有更大的灾难和不幸摆在你面前，你就不会意识到你原来是很幸运的。他说得很沉痛，很深刻。

史铁生的意思用古人格言表示即：无病之身，不知其乐也；病生始知无病之乐。无事之家，不知其福也；事至始知无事之福。

我这儿给大家再举一个小例子。一篇文章作者说，朋友约我去看一幅画，就是一张白纸，白纸上什么也没有，只用墨水点了一个黑点，画的名称叫"快乐"。我进去之后左看右看看不懂，啥呀，一张白纸、一个墨点，怎么就是"快乐"啦？朋友看我看不懂，启发我说，你知道这个黑点叫什么吗？这个黑点叫痛苦。啊！我一下子明白了。什么意思呢？一张白纸上一个黑点，最吸引你的眼球，所以一大张白纸你没有看见，就看到黑点了。换句话说，你原本有那么多幸福却没有看到，你就光看到你的痛苦了。你把那一点痛苦放大了，所以黑点之外的巨大背景（幸福、幸运）你没有看到。这是一种大彻大悟，上升到哲学上会给我们很多启发。这里告诉我们的是一种看问题的方法论，如果掌握了这样的思维方法，用这种方法考虑问题，观察自己的命运，看别人的命运，就会让你这一辈子很释然，碰到什么问题都可以想通，你一辈子都可以说"感谢生活""感谢命运"。而且，无论哪个人都可以说"感谢生活""感谢命运"。

（2）好运与坏运是相互依存、相互渗透的

这句话的意思是说，这个世界上没有绝对的好运，也没有绝对的坏运，往往好运当中有坏运，坏运当中有好运。正如两千多年前的哲学家老子所说："福兮祸所伏，祸兮福所倚。"好运与坏运、福与祸，就是你兜里面的钢镚，一个正面，一个反面，从这面看是福，另一面就是祸，这面看是好运，另一面看就是坏运。看问题不要太绝对，太单一，太表面。

这个道理看似简单，但是许多人常常落实不到心里去。或者是，说起来清楚，遇到事糊涂。如现在好多人都想当官，都想掌权，因为掌权能够带来很多实际的名和利。可是你升官了，地位来了，责任也来了；权力来了，危险也来了。其实你是坐在一个火山上，那个火山不定什么时候就爆发了；你是坐在一个地雷上，那个地雷说不定什么时候就炸响了。古时候当官当到朝里去是最荣耀不过的事了，可是古人有这么一句话，"伴君如伴虎"。你天天跟皇帝在一起谈论问题，当然荣耀至极了，可是不定哪句话说错了，就会杀你全家，也可能是株连九族。总之，世间没有单纯的好运，不要光是羡慕他面子上的光鲜，其实光鲜背后充满了危险与苦衷。

有人总是想摸彩票中大奖，中500万，凭空天上掉一个馅饼，500万到手了，那再幸福不过了。可是你考察一下，中500万的人，无论是现实中或历史上的人，有几个是幸福的？往往没有中的时候平平静静，中了以后生活开始动荡不安，有的甚至是倾家荡产，家破人亡。

（3）好运与坏运是在运动中相互转化的

上述第二点——相互依存、相互渗透说的是可能性。第三点，说的是现实性，可能性转化成为现实性。道理简单，不再啰嗦。

（四）命运发生机制与命运困境

1. 命运发生机制

（1）支配人命运的是一种合力

由上面对命运特性的分析可知，支配命运的力量绝不是单纯的单一的，而是综合的复杂的，是一种合力。也就是说，支配命运的力量是多种因素的纠结组合：既有客观原因，也有主观原因；既有主要原因，也有次要原因；既有直接原因，也有间接原因；既有内在原因，也有外在原因；既有物质原因，也有精神原因；既有生理原因，也有心理原因；既有社会原因，也有个人原因——换个角度，就

二　命运困境

必然和偶然的关系来说,既有偶然性的一面,又有必然性的一面;有时候偶然性居于支配地位,偶然性起着决定作用;有时候必然性居于支配地位,必然性起着决定作用;命运常常是神秘莫测不可把握的,但有时候也不是完全不可把握的。到底是哪些因素在起作用不可一概而论。

(2)命运发生于主客体之间相互制约相互作用的平衡中

现在我们化复杂为简单,从主观与客观这一对最主要的矛盾角度,讨论一下命运发生的机制。结果我们发现,命运发生的机制在于,既要有个人的主观努力,又要有适当的客观条件,人的命运就产生于主客体之间相互制约相互作用的平衡(关节)点上。人的命运就游移徘徊在主观与客观两种力量之间,是两种力量相互作用的结果。这就是上面我们说过的,命运是由你和"上帝"(指超人力量、宇宙神)共同支配的。

2. 命运困境

了解了命运发生的机制,也就明白了命运困境的原因。

影响、支配命运的因素,既有主观、内在、精神、个人方面的,又有客观、外在、物质、社会方面的。如果说,前者个人尚可以主宰的话,那么后者个人就无能为力了,它超出了你能掌控的范围。后者是一种客观的、不依人的意志为转移的超人力量,你身在其中无可奈何,只能顺其自然。正如英国科学家赫胥黎所说:"我不是命运的船长,只是它的乘客,我无法驾驭它,只能与它合作,从而在某种程度上使它朝着我引导的方向发展。"

总之,命运,有你可以主宰的一面,也有你无法主宰的一面,所以你只能主宰你能够主宰的那一部分,而无法主宰你无法主宰的那一部分;你只能改变你能够改变的那一部分,而无法改变你无法改变的那一部分。对于你无法主宰、无法改变的那一部分,你只能与其合作。

这就是命运的根本困境——人都想做命运的船长,却只能是它的乘客。换句话说,人人都想掌握自己的命运,却又不能完全掌握自己的命运。请注意,这里说的是"不能完全掌握",而不是"完全不能掌握"。

(五)怎样对待命运?

根据命运发生的机制我们知道,命运的发生有时候是受纯客观力量(宿命因素)的支配,更多时候则是主客观相互作用的结果。根据命运发生的不同情况,我们大致可以总结出以下几种对待命运的不同态度。

1. 坦然接受,勇敢面对

对于不得不接受的坏运,最理智的办法是坦然接受,勇敢面对。如与生俱来的各种不公平,又如地震等突发性灾难等,就是你无法掌控的因素,如果摊上了就不得不接受,毫无商量的余地。正如英国作家毛姆所说,对于无法改变的事实发牢骚,等于是徒然浪费感情。

生下来就不幸,生下来命运就不一样,没有道理,没有原因,因此你就别问了,最理智的办法是认了。如果你力量更强大一点,那就是四个字——"老子认了"。别看这个话有点粗、有点俗,但是如果你能说出这个话,说明你高明,你看透了,你心理坚强,你蔑视了命运,你不在那里愤愤不平地老是问:"为什么,为什么,为什么让我不幸啊!"你本来已经不幸了,再这样问来问去你心里更难受,就更不幸了,所以最理智的办法就是"认了",而且不是平平淡淡地"认了",而是咬牙切齿地"老子认了"。咬牙切齿,字字千钧,掷地有声。这样一来就显出你的力量、你的精神、你的意志。你在某种程度上战胜了命运,你是命运的强者,你具有精神的勇敢和人格上的大气!

二 命运困境

2. 顺其自然，因势利导

客观世界、客观存在自有规律，不可改变，不可阻挡，顺我者昌，逆我者亡。明乎此，就要认真研究、尊重、利用事物的规律，顺其自然，因势利导。万不可蛮干，不可逞强好胜，一意孤行，最后以失败而告终。

3. 你管不了的就算了，你管得了的要尽力

西方人有一句著名的话："把上帝的归上帝，把恺撒的归恺撒。"意思是把宗教和世俗分开，政治事务和精神生活分开。我们借用这句话说命运："把上帝（超人力量）的归上帝，把自己的归自己。"换句话说，即你管不了的就算了，你管得了的要尽力。

这一意思古人早就明白。这里我想起犹太人经典《塔木德》里的一句祷告语，如今已广为人知——"主啊，求你赐我勇气去改变可以改变的，求你赐我耐心去接受不能改变的，求你赐我智慧去分辨哪些可以改变、哪些不能改变。"（另一版本译文："主啊，求你赐给我以宁静的心来接受我所不能改变的事；赐我以勇气来改变我所可以改变的事；赐我以智慧来分辨两者的差别。"）

4. 关键时刻，主动选择，自己造就自己

让我们举一个公认为聪明智慧的人的例子吧——

钱钟书夫人杨绛先生 97 岁那年出版了一本书（《走到人生边上》，商务印书馆，2007），回忆她自己的一生以及和钱钟书共同生活的人生经历。其中说到这样几件事：

> 抗战胜利后，国民党政府某高官曾许钱钟书一个在联合国教科文组织的职位。钱钟书一口拒绝。我认为在联合国任职很理想，为什么一口拒绝呢？钱钟书对我解释："那是胡萝卜。"他不受"胡萝卜"的引诱，也不受"大棒"的驱使。我认为

人本困境

他受到某高官的赏识是命,但他"不吃胡萝卜"是他的性格,也是他的自由意志。虽然在那个时期,这个职位是非常吃香的,但他以自己的个性,不假思索一口拒绝。

抗日战争胜利不久,解放战争又起。许多人惶惶然只想往国外逃跑。我们的思想并不进步。我们读过许多反动的小说,都是形容苏联"铁幕"后的生活情况,尤其是知识分子的处境,所以我们对共产党不免害怕。劝我们离开祖国的人,提供种种方便,并为我们两人都安排了很好的工作。出国也不止一条路。劝我们留待解放的,有郑振铎先生,吴晗、袁震夫妇等。他们说共产党重视知识分子。这话我们相信。但我们自知不是有用的知识分子。我们不是科学家,也不是能以马列主义为准则的文人。我们这种自由思想的文人是没用的。我们考虑再三,还是舍不得离开父母之邦,料想安安分分,坐坐冷板凳,粗茶淡饭过日子,做驯顺的良民,终归是可以的。这是我们自己的选择,不是不得已。

又如我28岁做中学校长,可说是命。我自知不是校长的料,我只答应母校校长王季玉先生帮她把上海分校办成。当初说定半年,后来延长至一年。季玉先生硬是不让我辞职。这是我和季玉先生斗智了。做下去是千顺百顺,辞职是逆水行舟,还兼逆风,步步艰难。但是我硬是辞了。当时我需要工作,需要工资,好好的中学校长不做,做了个代课的小学教员。这不是不得已,是我的选择。因为我认为我如听从季玉先生的要求,就是顺从她的期望,一辈子继承她的职务了,而我是想从事创作的。这话我不敢说也不敢想,只知我绝不愿做校长。我坚决辞职是我的选择,是我坚持自己的意志,绝不是命。但我业余创作的剧本立即上演,而且上演成功,该说是命。我虽然辞去校长,名义上我仍是校长,因为接任的校长只是"代理",学生文凭上,校长仍是我的名字、我的印章。随后

二　命运困境

珍珠港事变,"孤岛"沉没,分校解散,我要做校长也没有机缘了。但我的辞职,无论如何不能说是命,而是我的选择。也许可以说,我命中有两年校长的运吧。

我们如果反思一生的经历,都是当时处境使然,不由自主,但是关键时刻,做主的还是自己。烈士杀身成仁,忠臣为国捐躯,能说不是他们的选择而是命中注定的吗?他们是倾听了灵性良心的呼唤,宁死不屈。如果贪生怕死,就不由自主了。宁死不屈,是坚决的选择,绝非不由自主。总之,做主的是人,不是命。(参见第65~67页)

杨绛的话符合西方20世纪存在主义的理论。存在主义认为,人到底是什么样的人,是自我选择出来的。换句话说,人是自我造就的,所以人要对自己的行为负责,对自己的命运负责。

5. 面对命运的不可知,尽人事以听天命

在命运问题上,每个人面前都是一团迷雾,能见度不到五十米。极而言之你不知道明天这个时候你在哪儿,会遇到什么。那么面对不可知的命运,我们应该怎么办?

这里有两句中国古话很值得玩味。一句是:谋事在人,成事在天。一句是:尽人事以听天命。两句话的共同点是都看到了命运发生的机制包括主客观(主客体)两方面。谋事在人——主观,成事在天——客观;尽人事——主观,听天命——客观。但两句话的区别也很明显:前一句是纯粹的客观叙述,给你冷静地讲一个人生道理,说话人的主观态度是中性的,冷静的,客观的。后一句则不一样,其主观态度强烈而鲜明,在主客观两方面中,它首先强调的是主观即"人事",而且要求一个"尽"字,"尽"即把主观努力发挥到极限,然后才是"听天命"。也就是说你在做主观努力的时候,不能三天打鱼两天晒网。你努力到80%,努力到90%,这都不行,因为

你努力到80％,90％,你会后悔的。后悔自己当时为什么不再尽一把力呢？我为什么不再努力一点呢？我再努力一点就成功了。所以要求你尽最大限度,把你的主观能力发挥到100％,最后是"以听天命"——成也英雄,败也英雄,成与不成我都认了。

这句话既不说你拼命努力吧,命运全在你自己手里,把一切全寄托在个人身上;也不说"听天由命"吧,个人努力是没有用的,而是在兼顾主客观两方面的前提下又突出主观、强调主观。在如何对待命运的问题上,我实在想不出还有比这更积极更理性更全面更智慧的态度了！

当代作家史铁生也认识到了"尽人事以听天命"的道理。史铁生21岁瘫痪,46岁又得尿毒症,一生苦难重重,受尽折磨,年轻时曾多次想自杀。但他最终战胜苦难走了过来,并成为一名受人尊敬令人敬仰的作家。支撑他走出苦难、战胜苦难的力量只有一个字——神。不过这个神不是人格神,也不是宇宙神,而是人自己——自己的精神。他不止一次地说过:"什么是神？其实,就是人自己的精神。""每一个人都有的神名曰精神。""有一天我认识了一个神,他有一个更为具体的名字——精神。在科学的迷茫之处,在命运的混沌之点,人唯有乞灵于自己的精神。"

我教学几十年了,每年学生毕业时候都说,"老师,该毕业了,你给我题写一句临别赠言吧"。我想了一想,说什么话呢？最后我说:"我在上课时候给你们讲过'尽人事以听天命',我欣赏这句话,这句话是我的座右铭,现在你该毕业了,我把这句话也赠给你吧！"

关于"命运困境"我们就讲到这里。在结束本讲的时候,我把"尽人事以听天命"这个话也赠给你们,希望各位在今后的人生道路上无论做什么,都要尽人事,听天命,把你的主观努力发挥到极限,让你的生命焕发应有的光彩！

(本文根据演讲稿整理)

三　欲望困境
——欲望无限而实现欲望的能力却有限

（一）欲望与能力之间有一个永恒的距离

人生在世，忙忙碌碌一辈子，为的是什么呢？滚滚红尘，永远是喧嚣热闹，无止无休，像一出永远演不完的戏剧。是什么支配着人们在忙碌，谁又是人生这出戏的总导演呢？经过思考，作家史铁生认为是欲望。

在《小说三篇·脚本构思》中，史铁生介绍了自己的思路：社会就像一个大舞台，角色是人，那么这出戏是怎样演出的呢？上帝是怎么导演，按什么导演的呢？上帝是如何构思他的"脚本"的呢？史铁生假想自己是上帝——上帝无所不能，唯独不能做梦（因为，只是在愿望没能达到或不能达到时才有梦可做）。无梦的日子是最为难熬的，无梦的日子令他寂寞、无聊、孤苦。无梦的日子使他无法幻想，无从猜测，弄不清自己的愿望，差不多就要丧失创造的激情和身心的活力了。他心里明白，如果没有梦的诱惑，无尽无休的日子便仅仅意味着无与伦比的苦闷。由此他受到启发，创造人的时候可不能让他们无所不能，否则就会陷入自己的困境；当然也不能让他们一无所能，一无所能就便无戏可演。最好的做法是给

人本困境

他们输入欲望,让他们有所追求,有"活着"的动力,但又不能让他们全能或无能,一定要让欲望和能力之间有一个永恒的距离。当然,永恒的距离并不是让他们永远不能实现,永不能实现就要导致绝望。看来,应该让他们具有实现欲望的能力,但要让这种能力有个限度。

所谓能力的限度,不是就空间而言,也不是就时间而言,而是就他们的欲望而言。有限的能力造就了无限的欲望,无限的欲望再引诱他们去不断地开拓扩展以使空间成为无限,不停地运动变化以使时间成为无限,这样的戏剧就不会演烦也不会演完。上帝于是决定:不是不让他们的欲望实现,而是让他们每一次欲望实现的同时也伴随着一个乃至一万个新欲望的产生!这样,欲望被实现着但又更大量地增殖着,人就永远在忙碌,红尘就永远在喧嚣。所以,史铁生说,输入欲望,实在是上帝为了使一个原本无比寂寞的世界得以欢腾而做出的最关键的决策。"人为什么活着?因为人想活着,说到底是这么回事,人真正的名字叫作:欲望。"(三,178)

人的欲望无穷无尽没有止境,一个欲望实现了,同时有一个至一万个新欲望又产生了;欲望实现了一次,还想实现千次万次,而人实现欲望的能力却是有限的,这就必然产生痛苦。即使是皇帝也逃不过这一关,因为,整个天下都是他的了,他要啥有啥了,可是他还想永远没病,还想长生不老呢!但上帝显然不给他没病和不死的豁免权,于是皇帝也痛苦。总之,人的欲望无限而实现欲望的能力却有限,欲望和能力之间是一个永恒的距离,这一根本矛盾是人的一种根本困境,即欲望困境。正如史铁生所说:"人生来就有欲望,人实现欲望的能力永远赶不上他欲望的能力,这是一个永恒的距离。这意味着痛苦。"(二,432)

欲望无限,能力有限,这是人生的根本困境;生命不息,欲望不灭,这就决定了人将永远在痛苦中打转。面对欲望困境,人类该怎么办呢？有没有走出（或者说超越）困境之路呢？反正"人生而有欲"（荀子），欲望与生俱来，它是先天的自然的本能的，因此根本不是你喜欢不喜欢、想要不想要的问题，而是怎样处理怎样对待的问题。为此，自古至今人类进行了不懈的探索，想出了很多对付欲望困境的办法，其中主要观点在下述各节中一一呈现。

（二）纵欲论

纵欲论认为人生苦短，如白驹过隙，忽然而已，所以应该抓紧这有限的一生尽情地享乐，即放纵地去满足各种欲望。例如战国时期魏国公子牟就说："人之生也奚为哉？奚乐哉？为美厚耳，为声色耳。""丰屋，美服，厚味，娇色，有此四者，何求于外？"短命的秦二世也说："夫人生居世间也，譬犹骋六骥过决隙也。吾既已临天下矣，欲悉耳目之所好，穷心志之所乐。"在纵欲论思想的指导下，人们贪婪地追逐欲望，尤其是物质的与肉体的、名与利的欲望的满足。欲望最大程度的满足是这类人一切活动的总目标、总枢纽、总开关。

纵欲派阵营庞大，在人群中占绝对多数，上至皇帝老儿，下至黎民百姓。请读者诸君想想，无论古今，还是中外，那些但凡有机会、有条件纵欲者，有几个是不纵的。不纵的当然不是没有，而只是极少数的理智清醒、意志坚强者。无论历史，还是现实，我们看到那些拥有至高无上权力，或虽不至高无上，但起码在某个小范围里是天下第一、没有人敢约束的；或者拥有大量财富、财富无处释放的人；有几个不是贪婪放纵、穷奢极欲、肆无忌惮的。首先是古代的皇帝权臣，其次是当代贪官，都是一样的德行。

皇帝那批人就不去说他了，我们就看一看当代贪官吧。笔者随意在360搜索上输入"贪官腐化"四个字，眨眼间出来一行字告诉你："找到443 000个结果"（2014年12月26日）。打开看看，贪官名字各有不同，但其黑暗的心灵，卑污的行为却是一样的，无非是贪财、贪色、贪权,其黑暗和淫滥的程度,出乎一般人的想象。这些人可都不是普通人啊,本应该为人楷模,最起码是遵守社会道德规范的呀,但在他们那里,所谓的党纪国法,所谓的伦理道德、社会规范,统统都是伪装,统统都是假的。在他们的意识里,党纪国法之类是为普通党员、下层百姓而设的,他们自己是法外之人。法外之人就有权享受法律制度约束的"豁免权",就有机会随心所欲。在有机会成为"兽"的时候,谁也不去成为"神"。

由此让我们再次想到人性的弱点,人性中"兽"的力量怎么那么强大,"神"的力量怎么那么弱小!两种力量的对比竟然如此之悬殊!如果没有强大的外力约束,"兽"的一面势必就会往外泛滥。社会上的种种劣行败德,最深的根子在人性的弱点;法治最根本的理由,是人性具有弱点。

纵欲就能纵出人生的快乐和幸福吗?未必!因为纵欲的根源是欲念之"贪","贪"就永远不知足,永不知足就永远痛苦。中国古人的《不知足诗》对这种心态做了生动的描述:

> 终日奔波只为饥,方才一饱便思衣。衣食两般皆具足,又想娇容美貌妻。娶得美妻生下子,恨无田地少根基。买得田园多广阔,出入无船少马骑。槽头拴了骡和马,叹无官职被人欺。县丞主簿还嫌小,又要朝中挂紫衣。若要世人心里足,除是南柯一梦西。

《不知足诗》将人的欲望与贪婪描绘得淋漓尽致。如此雪球一样越滚越大且没个穷尽的欲望,在现实生活中怎么能够满足!我们说人生在世,这个"世"上人很多,因而空间显得很狭小,不可能任某一个人的欲望无限制地随意发展,尽情满足。自然、社会的生存空间、生存网络为一个人欲望的实现提供了条件又形成了限制,也就是说,一个人只能在自然、社会允许的条件下满足自己的欲望。而自然及社会允许的范围是有限的,因而人的欲望的满足就永远是相对的和有限的。这样一来,人的欲望的无限性和欲望实现的有限性之间就形成了永恒性的冲突,这就让人永远处于一种不能满足的痛苦境地。可以说,世界上从来没有一个所有欲望全部满足的人。即使权力无边的封建帝王也不例外。

无限的欲望永恒地不能尽情满足,于是就有了永恒的痛苦。欲望越多痛苦越多,欲望越大痛苦越大,欲望存续越久痛苦也存续越久。欲望与痛苦相生相伴,如影随形。

这种永处煎熬的生存状态让人类承受不了。承受不了就想办法摆脱,于是智者开始反省:既然痛苦是由欲望造成的,欲望是痛苦的根源,那么,压抑或者干脆消灭了欲望不就可以跳出苦海获得快乐了吗?这么一想,就走向另一极端——禁欲论。

(三) 禁欲论

与纵欲相对的另一个极端是禁欲。这条道路的代表,可以契诃夫的短篇小说《打赌》(见《世界小说100篇》,青海人民出版社,1982)为例。

《打赌》的故事梗概大致如下:十五年前的一个晚会上,俊彦名流们在高谈阔论死刑和无期徒刑的利弊。年轻气盛、财大气粗的银行家认为死刑比无期徒刑更道德,因为可以速死。年轻的律师认为二者都不道德,相比之下还是无期徒刑好一些,因为可以不死。银行家逞强好胜,一心想压倒律师,说"我敢打赌,你要是甘愿单独囚禁五年,我就付给你两百万卢布"。律师也不服输,回应说"如果你说话算数,我同意打赌,非但如此,我甘愿不光是监禁五年,而是十五年"。在激情冲动之下,这场打赌居然付诸实施了。

律师被关在银行家花园的一个小屋中。监禁期间不能与任何人有任何形式的交往,但可以读书、弹琴、饮酒、抽烟。在监禁的第一年中,律师对孤寂生活感到非常痛苦,意气非常消沉,只是偶尔弹弹琴,读一些轻松读物,如长篇爱情小说等。第二年便不弹琴了，书只读古典作品。第五年又听到音乐的声音，他要求喝酒。一年中他什么也不干，情绪极为低沉，时常哭泣。第六年的上半年，律师开始热心学习语言、哲学和历史。四年中他读了六百多卷书。打第十年后他在桌前静坐不动，除了《福音书》外，什么书也不看。一个在四年中精通了六百卷高深学术著作的人，竟然浪费了将近一年的时间读薄薄一本浅显易懂的书。此后他又读了神学书籍和宗教史。最后两年读各种杂书。

十五年监禁终于期满，律师即将获得自由，银行家即将付出二百万卢布。这时的银行家已今非昔比。由于他狂热的冒险，轻率的投机，逐渐使他的财产荡然无存。当年狂傲自负、刚愎自用的百万富翁已经成了二流银行家，眼看着输掉二百万就要变成乞丐。为了免除破产和耻辱，他打算谋杀即将夺去他财产的人。

淫雨霏霏的黑夜，银行家摸进花园小屋，看到十五年不见天日的律师已瘦成一具蒙着一层皮的骷髅，这会儿正一动不动低头坐在桌子旁。银行家想用枕头闷死他，忽然看到桌上放着一张纸，仔细一看是写给自己的信。信中写道，经过十五年的囚禁生活，他已彻底看破人生所追求的一切之虚妄——"神明在上，我可以问心无愧地告诉你，我轻视自由、生命和健康，以及你的书本里所赞美的世界上一切所谓美好的事物。""为了以行动向你们证明，我是多么鄙视你们赖以生存的一切，我自动放弃两百万卢布，我曾经对这笔钱梦寐以求，视为天堂，现在我却弃如敝屣。我将于规定时间的五小时前出去，从而违背契约，剥夺自己得到这笔钱的权利……"

银行家看到这里良心发现，鄙视自己的卑鄙。他回到家里，涕泗滂沱，百感交集。第二天一早，看园人报告被囚的人已于天亮前爬出小屋走了。

为获取二百万赌资甘愿被囚十五年从而失去一切人生乐趣，包括青春和健康，但在赌资即将到手之时又自动放弃，这行为实在太离谱了，让人感到匪夷所思。但正因为如此，读者才明白契诃夫无意于"写实",而意在"表意",明白他想借助于精心编制的故事来劝世的苦心:痴迷于世俗追求的人们,醒一醒吧!你们所追求的所谓"人世间的幸福"都毫无价值;你们"已经失去理智,误入歧途",你们是在"抛却天堂,换取浊世"。为什么?因为这些东西都"如过眼烟云一样飘浮,如海市蜃楼一样虚幻。""你们可能聪慧、美好、不可一世,可是到头来死神一下子就把你们像地板下掘洞的老鼠一样从地面上扫除得无影无踪。你们的后嗣,你们的历史,你们所谓的不朽的天才,将要和地球一起化为灰烬或是冻为冰块。"

律师的这些思想置换为中国文化的术语即佛家的色空观念。银行家只见"色"(当下、现象、物欲)而不见"空",殊不知"色"即是"空","空"即是"色";只见"色"而不见"空"即为"迷",为"痴",为"愚"。

在中国文学史上,把色空观念体现得比较精彩、比较集中的,当属《红楼梦》中的《好了歌》和《好了歌注》。

好了歌

世人都晓神仙好,唯有功名忘不了!
古今将相在何方?荒冢一堆草没了!

世人都晓神仙好,只有金银忘不了!
终朝只恨聚无多,及到多时眼闭了。

世人都晓神仙好,只有娇妻忘不了!
君生日日说恩情,君死又随人去了。

世人都晓神仙好,只有儿孙忘不了!
痴心父母古来多,孝顺子孙谁见了?

好了歌注

陋室空堂,当年笏满床;衰草枯杨,曾为歌舞场。蛛丝儿结满雕梁,绿纱今又在蓬窗上。说什么脂正浓、粉正香,如何两鬓又成霜？昨日黄土陇头埋白骨，今宵红绡帐底卧鸳鸯。金满箱，银满箱，转眼乞丐人皆谤。正叹他人命不长，那知自己归来丧！训有方，保不定日后作强梁；择膏粱，谁承望流落在烟花巷！因嫌纱帽小，致使锁枷扛；昨怜破袄寒，今嫌紫蟒长。乱哄哄你方唱罢我登场，反认他乡是故乡；甚荒唐，到头来都是为他人作嫁衣裳！

跛足道人的《好了歌》列出了四种欲望所追逐的大目标：功名、金银、娇妻、子孙。人们强烈贪恋这四种人间好东西，连梦寐以求的做神仙的美事也愿意放弃。但这些东西有什么意义呢？没有任何意义，人们所追求的一切美好到头来终不过一片虚无——"白茫茫一片大地真干净"。穷困潦倒的读书人甄士隐一听便悟，借题发挥为《好了歌》作注，一口气罗列了十多种常见的由盛转衰，由色入空的人生世相，更是道破了人生的无常：一切都转瞬即逝，一切全靠不住。对人生既然"悟"到了这一步，也就彻底解脱，没有了任何留恋，所以甄士隐"注"罢便将道人肩上的褡裢抢过来背上，竟不回家，同着疯道人飘飘而去——离世出家了。

由执迷到解脱之路，在王国维看来有两条。一是觉自己之苦痛而悟，即亲身经历失望之境遇，遂悟宇宙人生之"真相"，用王国维原话说即以生活为炉，苦痛为炭，铸成解脱之鼎。二是观他人之苦难而悟，如通过艺术作品中描写之苦痛而走向解脱。王国维把第二种解脱之路视为艺术（王氏名之为美术——引者注）之要务，艺术之目的。他认为《红楼梦》在这方面最有价值，所以他给《红楼梦》以极高的评价。这里我们还可以加上一条，即前述《打赌》中律师的解脱之路：由哲学而宗教。律师在宗教的"天堂"中找到了灵魂的寄托，超脱了他所厌恶的浊世。

总之，禁欲论的基本思路是：既然欲望是痛苦之源，为了消除痛苦便不如压抑乃至干脆消除欲望。例如道家就是这样，他们宣扬的生活之道是清心寡欲,要"虚其心,实其腹",吃饱肚子不想事,欲自然就减到很少了,砍掉欲,自然就不会有失望之苦。佛家更进一步,把欲看作苦的根源,要用大雄之力灭欲度苦。灭欲,度苦,证涅槃,才能取得真乐、极乐。视娑婆世界为苦,到彼岸为乐,这是出世,还不能算厌世。叔本华则更趋极端,干脆不承认有乐。他认为生活不过是受盲目意志的支配,它迫使人想,迫使人求,幸而满足(乐),也不过是解除欲之压抑的暂时的缓解,换句话说,暂时缓解的所谓乐是假象,受欲之牵系的苦才是真实的。这样看,所谓生即为盲目意志所制,为满足欲望而孜孜不倦,甚至欢欣鼓舞,是受了骗,因此,有生不如无生,这是厌世。

对于道家佛家以及叔本华等人的禁欲思想,张中行老先生曾有过这样的评价:"生而有欲,生与欲不可分。已受生而谈灭欲,这样想,也许应该称之为智,这样做,也许应该称之为毅;不过问题在于,实际上万难做到,至少绝大多数人是这样。《阿含经》记佛灭度的情形,四众还是号哭坠泪,这说的是常识,却可以表现人生的实况。可见灭欲云云,就人生谈人生,也只能是想想而已。"(《顺生论·节制》)可见,禁欲灭欲一途也走不通。

既然纵欲与灭欲皆走不通,那就在"纵"与"灭"之中找一条中间的路试试,这种思路就是节欲论。

(四)节欲论

欲不能纵,也不可灭,那么最可行的办法当然是合理地节制。代表节欲思想的典型,笔者认为当推中国人中流行的《知足歌》:

知足歌

人生受尽福,人苦不知足。
思量事累苦,闲着便是福。
思量疾厄苦,无病便是福。
思量患难苦,平安便是福。

人本困境

> 思量死来苦,活着便是福。
> 也不必高官厚禄,也不必堆金积玉。
> 看起来一日三餐,有许多自然之福。
> 我劝世间人,不可不知足。

关于"知足常乐"的思想和例子,无论是在古代典籍中、文艺作品中还是在日常生活中,随处可见。例如,孔子游泰山遇见一位鹿裘带索鼓琴而歌的人,就问他为什么如此快乐。他回答说:"天生万物,人为贵,吾得为人,一乐也;男女有别,男为尊,吾得为男,二乐也;人生有不见日月、不免襁褓者,吾行年七十矣,三乐也;贫者士之常,死者人之终,居常以待终,何不乐也?"

清代李渔的小说《鹤归楼》里,也讲了一个由"不知足"到"知足"的故事:

> 近日有个富民出门作客,歇在饭店之中。时当酷夏,蚊声如雷,自己悬了纱帐,卧在其中,但闻轰轰之声,不见啾啾之状。回想在家的乐处,丫环打扇,伴当驱蚊,连这种恶声也无由入耳,就不觉怨怅起来。另有一个穷人,与他同房宿歇,不但没有纱帐,连单被也不见一条。睡到半夜,被蚊虫叮不过,只得起来行走,在他纱帐外面跑来跑去,竟像被人赶逐地一般,要使浑身肌肉动而不静,省得蚊虫着体。富民看见此状,甚有怜悯之心,不想那个穷人不但不叫苦,还自己称赞,说他是个福人,把"快活"二字叫不绝口。富民惊诧不已,问他:"劳苦异常,哪些快乐?"那穷人道:"我起先也曾怨苦,忽然想到一处,就不觉快乐起来。"富民问他:"想到哪一处?"穷人道:"想到牢狱之中罪人受苦的形状,此时上了押床,浑身的肢体动弹不得,就被蚊虫叮死,也只好做露筋娘娘。要学我这舒展自由,往来无碍的光景,怎得能够?所以身虽劳碌,心境一毫不苦,不知不觉就自家得意起来。"富人听了,不觉通身汗下,才

三　欲望困境

晓得睡在帐里思念家中的不是。若还世上的苦人都用了这个法子,把地狱认做天堂,逆旅翻为顺境,黄连树下好弹琴,陋巷之中尽堪行乐,不但容颜不老,须发难皤,连那祸患休嘉,也会潜消暗长。

以上两则"故事"体现了一种共同的思维方法,遇事往下比,即与境况不如自己的人比,这一比就比出了自己的"足"("比上不足,比下有余"),就可以"乐"了。这法子非常有效,因为自己之"下"永远还有更"下"的人,所以就能保证任何一个人永远处在快乐之中。

但万事总是有一利必有一弊。不知足固然让人痛苦,知足可以医治这种痛苦,但如果太知足,也会像药量过大一样,产生副作用。例如,如果时时知足,事事知足,处处知足,永远知足,无论什么情况下都知足,那么还有什么必要再去奋斗再去进取再去拼搏。奋斗进取拼搏吃苦费力均有风险,何苦呢!何必呢!所以最佳选择当然还是安于现状,乐得自在。这是太过知足所发展的必然逻辑。

也可能有人觉得"不知足"和"知足"都没有个限度,找不到边,不好把握,而且容易走向极端,极端便容易产生偏差。例如太不知足会太痛苦,太知足又容易俗乃至于沉沦没出息。于是想出了折中的办法,来它个"中庸之道"。这就是《半半歌》(清人李密庵所作)描绘的境界:

半半歌

看破浮生过半,半之受用无边。
半中岁月尽幽闲,半里乾坤宽展。
半郭半乡村舍,半山半水田园。
半耕半读半经廛,半士半姻民眷。
半雅半粗器具,半华半实庭轩。
衾裳半素半轻鲜,肴馔半丰半俭。

人本困境

> 童仆半能半拙,妻儿半朴半贤。
> 心情半佛半神仙,姓字半藏半显。
> 一半还之天地,让将一半人间。
> 半思后代与沧田,半想阎罗怎见。
> 酒饮半酣正好,花开半时偏妍。
> 帆张半扇免翻颠,马放半缰稳便。
> 半少却饶滋味,半多反厌纠缠。
> 百年苦乐半相参,会占便宜只半。

《半半歌》真是绝了!它也讲追求,但不过分贪婪;它也讲知足,但不至于过于低俗。它把欲望限制在一个适可而止的"度"上,不慕巅峰,不走极端,不求大富大贵,但求无惊无险。于是生活无大风无大浪,无大福无大祸,平平淡淡,安安闲闲,不似神仙,胜似神仙。试问,还有比这更聪明更自在更成熟的活法吗?

想一想,确实聪明成熟练达!不过,认真分析起来,这种活法亦有弊端。往深处追,追到底,它和太知足一样也是俗,也同样消蚀掉了奋斗进取的动力。其精神实质仍是"知足",它和《知足歌》的差别只在于五十步与百步。它的表象是"雅",其实质仍免不了"俗"。

由《好了歌》到《知足歌》再到《半半歌》,我们分析了不知足和知足产生的原因及其利弊,至此,读者或许该问了:那么究竟知足好还是不知足好,换句话说即我们应该知足还是应该不知足。这个问题很尖锐、很单纯,但很难有也不应该有绝对的单一的答案。分析中我们知道,知足有知足的好(消解不知足带来的痛苦)和不好(容易安于现状,走向庸俗),不知足有不知足的好(激发奋斗、追求的动力)和不好(不知足带来痛苦)。两者各有利弊,无法肯定一个否定另一个。我们面临的是又一个两难选择。

面对这一两难选择,合理的做法当然应该是取双方之利而去其弊,即既要知足又要不知足。或者说既要知足又不可太知足,既要不知足又不可太不知足,让知足与不知足之间保持一种必要的张力,人就游移于这一张力场中。不知足,才有奋斗进取的动力;知足,才能心态平衡,不致痛苦。这样既躲开了不知足的苦,也避开了太知足的俗。这才是一种比较理性比较明智的选择。

《知足歌》和《半半歌》体现了节欲的思想,两支"歌"的唱响,肯定能从理性上对疯狂的欲望起到抑制作用,对纵欲和禁欲的极端也是一种很好的调整。但仅有这些似乎还是不够的。因为,这种抑制来源于理性思考下的无奈:不是不想纵,而是不敢纵,所以达观中隐隐透出的是无奈中的自我安慰、自我说服,主体精神还远远没有进入自由自觉的状态。为了让主体在精神上消除"痛苦"和"无奈"从而进入自由自觉的境界,人们的精神探索仍在继续,于是找出了对待欲望的第四条途径,即对欲望困境在哲学层面上的悟解及超越。

(五) 超越论

在这方面,人类的精神史上有许多极有价值的思想值得我们思考、借鉴、吸取。例如马克思和恩格斯曾多次谈到人的欲望与享受的问题,他们在肯定人享受的合理性的同时鼓励人们为了高级享受而放弃低级享受。马克思说如果音乐好听,听众也懂音乐,那么,消费音乐就比消费香槟酒高尚。恩格斯把人的生活分为生存、发展、享受三个部分,并同意这样的意见:人不仅为生存而斗争,而且为享受、为增加自己的享受而斗争……准备为取得高级的享受而放弃低级的享受。马克思恩格斯所说的高级享受当然指的是精神享受而非物质享受,是说人要超越物质享受去追求精神享受。

美国人本主义心理学家马斯洛把人的需求(或欲望)分为若干层次,最低的是生理需求,依次向上是安全需求,归属需求,自尊需求,最高层次的需求是自我实现。自我实现即人的潜能和创造力的充分发挥,这是一种最高的精神享受。马斯洛认为为了最高的精神需求可以抑制乃至放弃低层次的需求。他的意见与马克思恩格斯的意见有相通之处。

我国当代作家史铁生,明确把欲望与能力之间的永恒距离作为人的一种根本困境来讨论,经过持久的思考,对于如何超越欲望困境,他发表了不少意见,概括起来主要有以下几点意思,值得关注。

其一,在进取中求得矛盾的相对和谐。

由于看到了欲望导致痛苦,欲望是痛苦之源,为了免除痛苦的折磨,有哲学或宗教主张灭欲以达目的。对此史铁生认为并不可行。他说,企图以灭欲来逃避痛苦者,是退一步去找和谐,但欲望若不能消灭干净便终不能逃避痛苦,只好一步步退下去,直至虽生犹死,结果找到的不是和谐而是毁灭。他认为中国上千年的步步落后肯定与不敢正视欲望乃至逃避欲望有关,而世界上另一种文化则主张进一步去找和谐,进一步而又进一步,于是遥遥领先地走在我们的前头,而且每进一步便找到一步的和谐,永远进一步便永远在和谐中。总之,他认为,退一步找和谐者趋向僵死,进一步找和谐者则必生气勃勃富于创造精神,对不和谐的征服和超越(而非逃避)是人类的光荣。(二,454)

总之,史铁生看到,欲望是痛苦之源,同时也是欢乐之源。欲望既然是一个不可逃避的事实,那么"逃避生的事实必定是徒劳的,而放弃生之热情只能使人落入更加荒唐的境地。所以看透了生活的本来面目然后爱它是一种明智之举。唯此可以使生命获得欢乐和价值,永远能够这样便永远能够欢乐,生生能够这样便生生能够获得价值"(三,344)。

其二,将欲望引向创造或过程。

史铁生说:"消灭欲望绝不是普度众生,而只是消灭众生,不应该灭欲,只是应该把欲望引向过程,永远对过程(努力的过程、创造

三　欲望困境

的过程、总之生命的一切过程)感兴趣,而看轻对目的的占有,才是正当的欲望。"(三,344)这就是说,人应当重创造而不重占有,应当看重创造过程本身的快乐而不是"对目的的占有"的快乐。这样,既充分发挥了欲望所激发的创造活力,又避免了欲望不能实现的痛苦。

当然,重过程并不意味着不要目的,但人们一定要明白,"只是为了引导出一个美丽的过程,人才设置一个美丽的目的,或理想。理想原就不是为了实现,而只是为了引出过程罢了。美丽者何?所谓童心不泯是也,所谓生气勃勃是也,所谓既敬畏自然之神秘又不屈于命运之坎坷是也,无论你干什么都干它个津津乐道一醉方休"(三,344)。这时,你就从欲望困境中解脱出来了,不再计较世俗的名利得失,而只看重生命潜能的挥洒,只看重精神的愉悦,于是你就走向了审美之境。

其三,有一个了悟人生意义的灵魂。

有一个了悟人生意义的灵魂,在精神上理解人生"幸福"的真义。这个意思是史铁生从一个具体个案中悟出的:史铁生本人因病不能下地走一步,因此世界上那个跑得最快的美国黑人运动员刘易斯就成了他喜爱和崇拜的对象,以为他"最幸福"。然而刘易斯也有被战败即也有痛苦的时候。这使史铁生深有所悟:"我看见了所谓'最幸福的人'的不幸,刘易斯那茫然的目光使我对'最幸福'的定义动摇了继而粉碎了。上帝从来不对任何人施舍'最幸福'这三个字,他在所有人的欲望前面设下永恒的距离,公平地给每一个人以局限。如果不能在超越自我局限的无尽路途上去理解幸福,那么史铁生的不能跑与刘易斯的不能跑得更快就完全等同,都是沮丧和痛苦的根源。"(二,384)这就是说,人要有一个"了悟人生意义的灵魂",明白幸福并不在于面前没有局限,而在于不断地超越自我局限;痛苦不在于困境永远存在,而在于被困境束缚乃至扭曲了的灵魂。

人本困境

　　史铁生经常说,残疾不只是指身体的,更是指精神的。面对困境唉声叹气,埋怨命运的不公平,认为自己是天下最倒霉的人,那么他可能真的就是天下最倒霉的人,因为在他的心理上永远有阴影的笼罩,这就是精神上的残疾。相反,如果他坦然地双手接过了困境,然后用尽全力与其抗争,虽然消除不了困境,但却在抗争中赢得了精神的骄傲,赢得了做人的尊严,这就是人生的意义,这就是幸福。

　　"精神残疾",史铁生的发现十分精彩。精神残疾,不光是命运不幸的小人物有,即使那些被认为幸福、幸运的人,如某些有权有势有名有钱的所谓成功人士,也可以是精神残疾之人,而且可能是严重精神残疾之人。如,这几年查出的贪官,从小苍蝇到大老虎,动不动贪到上亿(报载秦皇岛贪官马超群被查出家藏现金1.2亿元、黄金37公斤、房产68套,被称为"史上最贪科级干部")、上百亿甚至更多,真让人瞠目结舌,困惑无语。人们想不通他们要那么多钱干什么?像周永康、郭伯雄、徐才厚之流,官已当到那一步了,还要那么多钱干什么?终于有一天忽然明白,噢,他们是在为自己的毁灭积累罪证。上帝想让其灭亡,必令其疯狂。周永康、郭伯雄、徐才厚之流的行为,用人类的常识无法解释,只能用网友的话去称谓——脑瘫、脑残、脑进水。这已不是一般的精神残疾,是超级精神残疾。人们想不到,人类文明已经进化到这一步了,竟还有如此愚昧荒唐之人。幸福来自了悟人生意义的灵魂,如此看来,这群脑残之人死在自己的贪欲中,其实并无幸福可言。

　　德国人有句谚语——理解了也就宽恕了。我们可以套用这句话说,理解了也就超越了。上述史铁生对欲望困境的思考虽不能消除困境本身(困境之为困境,就在于它是本原的,因而是永远无法消除的),但却帮助我们从精神上实现了对欲望困境的超越,使我们对欲望有了一个理性而智慧的态度。

（六）超越欲望、淡泊名利的人

欲望追逐的目标大致不外乎名、利、权、物、性，一般简化为功名利禄，再缩略即为名利。追逐名利是大多数、绝大多数人的本能或曰天性。既然是天性，就可以理解，只要不过分，不疯狂，合乎道，都属正常。在多数、绝大多数之外，还有少数、极少数人，蔑视名利，淡泊名利。因为是少数、极少数，所以就显得非常可贵。贵在哪儿？贵在他们超越了本能、本性，把精神元素看得至高无上，他们注重心之所安，即灵魂的宁静。这体现了一种人生观和价值观。这种人生观和价值观与物欲横流、金钱崇拜、权力迷狂形成鲜明对比，形成两极。两极对抗呈现为一个张力场。在社会文明生态环境中，这绝对是一种不可或缺的正能量，它为人们的心灵树起了灯塔或标杆，对负能量起着对抗、扼制、警示、纠偏、提升的作用。社会秩序要想良性运行，就必须提倡、鼓励、弘扬这种正能量。所以，在任何时代、任何社会中，那些淡泊名利、超越欲望的人都是令人尊敬的人，都是我们精神的榜样。

中国民谚曰："河里没鱼市上看。"超越欲望、淡泊名利的人，在人群比例上永远是少数，但一旦罗列起来，却不胜枚举，数不胜数。这里随机（因为太多，只能随机）列出若干位，与读者一起向他们学习。

1. 居里夫妇

居里夫人（玛丽·居里，1867～1934 年），波兰裔法国籍女物理学家、放射化学家，1903 年 6 月 25 日，居里夫人发现了镭。1903 年她和丈夫皮埃尔·居里及亨利·贝克勒尔共同获得了诺贝尔物理学奖，1911 年又因放射化学方面的成就获诺贝尔化学奖，她是居里学院的创始人，一生获得各种奖金 10 次，各种奖章 16 枚，各种名誉头衔 107 个，也是第一位两次荣获诺贝尔科学奖的科学家。

居里夫人是20世纪著名的科学家,她的研究对人类具有极其重要的意义,为此她享誉世界,同时,她又是一个极其淡泊名利的人。对于这一点,《居里夫人传》(艾英·居里:《居里夫人传》,商务印书馆,1981)中有多处详细记载。

她经过千辛万苦终于发现了新的物质镭,并且又经过艰苦努力证明镭在医学上具有治疗癌症的功能。这一功能的发现轰动了全世界,人们开始到处寻找这种注定会给他们带来巨大商业利润的物质,美国、比利时等多个国家已经准备开采。然而怎样开采,怎样提炼,却没人知道。这是一项绝密的新技术,掌握这项技术的只有居里夫妇。世界各国的技师们纷纷写信求教,这时候居里夫妇意识到他们面临两种选择:一是毫无保留地公布这项技术供全人类无条件地使用,自己分文不取;二是申请专利,所有使用专利的人都要付专利费,这样他们就会得到巨额的利益。这时候,就他们的物质境况来说特别窘迫,为此他们夫妇不得不多处兼职工作,不得不在极其简陋的棚屋中做实验,不得不省吃俭用,总之无论是贴补今天还是开拓明天,他们都特别需要钱。

怎么办?在贫穷与财富之间他们并没有犹豫,他们坚定地选择了前者,他们把自己的研究成果和技术细节公之于全世界,于是他们给每一个需要这项技术的地方写信加以介绍。因为他们心里有坚定的信念:科学发现的成果应该属于全人类,从中牟利是违反科学精神的。科学精神是他们的良心所在,违反了这个会让他们良心感到不安。

二十年后玛丽写道:"彼埃尔·居里和我达成共识,决定不利用我们的发现去取得物质上的利益,因此我们不曾领取专利执照,并且毫无保留地发表了我们的研究结果,包括制镭手续在内。遇到对镭感兴趣的人向我们请求指示,我们也都详加说明。这对于制镭业有很大的好处,它可以先在法国,以后在外国完全自由地发

三　欲望困境

展起来,以产品供给需要镭的学者和医生应用。事实上,这种实业今日所用的方法,仍是我们指出的方法,几乎没有什么改变。"

1903年瑞典科学院宣布把当年诺贝尔物理学奖金的一半赠给居里夫妇,他们很高兴地接受了这笔奖金。在玛丽眼里,诺贝尔奖奖金只代表一件事:瑞典学者推崇两个同行的工作,赠予七万法郎报酬,因此接受它并不"违反科学精神"。而且这是减少他们的兼职并借以挽救健康和更好地工作的唯一机会。

拿到奖金后,他们自费雇了特殊助手以便更有效地推进研究;他们寄了两万奥币给某医生,以便帮助他们开创他们的疗养院;他们还买了法国和玛丽祖国波兰的公债;还送给双方的亲戚,以答谢他们平时的帮助。另外,他们还拿出一部分给了自己的学生、朋友、实验室的工人,及以前曾教她法文的穷苦妇人。"玛丽很适当地施赠,不张扬,不轻举妄动,也不过分。她决意在有生之日去帮助那些需要她帮助的人,她愿意量力而为,以便永远能够继续帮助人。"

发现镭并获得诺贝尔奖让居里夫妇在法国、在全世界赢得了巨大的荣誉。对此,他们不是高兴,而是避之唯恐不及。——"除了热心工作和恐怕荒废时间之外,还有别的原因使居里夫妇厌恶荣誉。彼埃尔天性洒脱,荣誉给他的突击与他一向的原则是冲突的;他憎嫌等级与类别,觉得有'一班之首'是荒谬的,而赠大人物的勋章也和给学校里小孩们的一样无用,这种态度使他拒绝接受十字勋章(1910年玛丽同样拒绝了骑士十字勋章——引者注)。在科学的领域内,他的态度也是如此;他不看重竞争的精神,在'发现的竞走'中,若有同行占了先筹,他从来不觉得难过,他惯常说:'假如有人发表了某种成果,我不发表它又有什么关系?'"这种近乎超人的漫不经心的态度,给了玛丽很深的影响。但是玛丽一生逃避旁人的赞美,并不是因为她要学彼埃尔给她的榜样,也不是因为她要服从他的意旨。反抗荣誉不是她的原则,而是她的天性;她在群众面前的时候，总有一种不能制止的羞怯，有一种痛苦的烦乱，使她僵住，甚至于使她眩晕，并且觉得身体不舒服。"（第202页）

第一次世界大战爆发后，交战国经济困难。这时候玛丽和她的女儿有了一次重要的商议。她对她的女儿说："政府要求个人捐助金子，并且不久就要发行公债。我想把我所拥有的一点金子献出去，加上我那些科学奖章，因为它们对我毫无用处。"除此之外，她还想把第二次获得诺贝尔奖奖金的钱取回来买战时公债，"因为国家需要它"。后来，国家收了她捐的金子和钱款，但是很激愤地拒绝把那些光荣的奖章送去销毁。"玛丽并不觉得高兴，她认为这种拜物主义是荒谬的，她耸了耸肩，把奖章带回了实验室。"（第275页）

战争期间玛丽全力以赴投入工作，她把自己的科学发现创造性地用于战地治疗上，并且不顾身体的衰弱和放射的伤害，亲自操作机器，奔波于各地战场上，拯救了大批伤员。战后有人请她写一本论"放射学与战争"的书，在这本书里，她从来不提自己所创始工作的重要性，并尽量避免提到自己。在她看来，"我"不是可厌，而是不存在。必须提到自己时，她用"卫生机关""人们""我们"来代替，镭的发现也隐藏在"科学在十九世纪末把种种新放射显示给我们"这句话里了。居里夫人的后半生，在所有热烈颂扬她的场合，她都感到无比羞怯；在暴风雨般的掌声中，没有一个人显得像她那样孤寂。爱因斯坦说："在所有的著名人物中，居里夫人是唯一不为荣誉所颠倒的人。"

镭的发现者把经过千辛万苦提炼出的一克镭捐给了实验室，并用于医疗，然而还有许多项目需要镭，镭的发现者手中却没有镭。当美国女记者麦隆内夫人问居里夫人最需要的是什么时，她回答："我需要一克镭，以便继续我的研究，但是我买不起，镭的价格太高了。"这让记者震惊，于是她回到美国发动全国募捐，终于买

三　欲望困境

了一克镭赠送给居里夫人。在捐赠仪式的前一天晚上,麦隆内夫人把赠予文件交给居里夫人审阅,居里夫人很小心地读完,然后从容地说:"这个文件还须加以修正,美国赠给我的这一克镭,应该永远属于科学;在我活着的时候,不必说,我将用它完全做科学研究。但是假如就这样规定,那么在我死后,这一克镭就成为私人财产,成为我的女儿们的产业。这是绝对不行的。我愿意把它算作赠予我的实验室的礼物,我们能不能请一个律师来?"时间已晚,麦隆内夫人答应过后再办这件事,但居里夫人不依,坚持只有当天晚上办好这项手续她才放心睡觉,才答应参加明天的仪式。(第301页)

居里夫人把自己的一生献给了科学,献给了全人类的幸福,自己既不恋钱,也不恋名,她是一位少见的真正超越世俗欲望、淡泊名利的人。

2. 戴高乐

夏尔·安德烈·约瑟夫·马里·戴高乐(Charles Andre Joseph Marie De Gaulle,1890～1970年),法国军人、作家、著名政治家、法兰西第五共和国的创建者。第二次世界大战时期"自由法国运动"的领袖。1959～1969年为共和国总统。

1940年5月,德国军队侵入荷兰、比利时、卢森堡和法国。戴高乐受命率军抵抗,英勇顽强,取得多次重大胜利,旋即晋升为准将。6月初,雷诺总理任命戴高乐为国防部副部长。6月14日,法国战败,巴黎沦陷。号称欧洲第一陆军强国的法国,在第二次世界大战中,抵抗了六个星期,就被德国人占领,"一战"的凡尔登英雄贝当元帅,授命向德国投降。

五分之三的法国领土被德国占领,剩下五分之二的残山剩水,以贝当为首,在南部维希小镇建立了一个傀儡政权,被称为"维希法国"。法国当时的国防次长兼陆军次长戴高乐为伪政权的国防部长。法国宣布投降的当晚,戴高乐将军到机场送一个英国将军回国。两个人握手、拥抱完,英国将军上机了。飞机滑行时,戴高乐将军突然开始拔腿追飞机。送行的人都傻了——将军疯了,这是干吗呢?戴高乐将军身高 1.98 米,两腿也长,几步就追上了飞机。英国将军回过味来,探出身子,抓住戴高乐将军的胳膊,一把就将他提了上来。当晚,戴高乐将军飞到伦敦,立刻发表演说,宣布成立自由法国政府,号召所有法国内地不愿屈服的人们组成军队抵抗,号召法国所有海外自治领地,那些没被德国占领的,如北非、越南自治领地的法国军人,服从自由法国政府。戴高乐在演说中宣称"无论发生什么情况,法兰西抵抗的火焰决不应该熄灭,也决不会熄灭"。这是一个历史性的时刻,它标志着法国抵抗运动的新开端,戴高乐率先举起了维护法兰西民族独立、抗击法西斯德国的旗帜。从那以后,特别是在法国,戴高乐一直被称为"六一八英雄"。

戴高乐将军当时只是一名准将,准将是将军当中级别最低的。1944 年巴黎光复,将军回到巴黎,他的第一个举动,就是去巴黎圣母院做弥撒,感谢上帝拯救了法国。当他进入巴黎圣母院的时候,钟楼里面,藏着德国的狙击手。那名狙击手瞄准了戴高乐将军,已经把他的头部套在了瞄准镜的十字线上。如果这个狙击手扣动扳机,法国的历史肯定要被改写。但是,狙击手在瞄准之后,被戴高乐将军伟大的人格魅力所感召,不但没有开枪,反而热泪盈眶,泣不成声,从塔楼上下来投降了。

接下来,戴高乐将军就开始主持战后法国的政务。他组织自由法国,两次开庭审判贝当元帅,最终判处他死刑。而戴高乐在国家光复之后,就功成身退,临时主席也不干了。他下台之前,签署的最后一道命令,就是特赦了自己的老师贝当元帅。贝当当时已经 89 岁了,你判不判他死刑已经无所谓了。6 年后 95 岁的贝当元帅去世。这个时候戴高乐将军回到家中,在家里待了近 13 年,直到 1958 年法兰西第四共和国处在风雨飘摇之中,他才出来领导

三 欲望困境

人民建立了第五共和国。今天的法国就是第五共和国的延续,戴高乐是开国总统。他干了 10 年,任满之后辞职。临走的时候,他唯一的要求是带走爱丽舍宫内用了多年的旧书柜。他问秘书,能不能拿走;问管理人员,能不能拿走。管理人员泣不成声,说:整个法国都是您拯救的,拿俩书柜算什么!您拿吧!之后,戴高乐将军让秘书按新书柜的价格付了款,把这两个旧书柜带走了。退休之后,将军拒绝领总统的退休金,他说要用这笔钱去慰问阵亡将士的家属。

法国光复的时候,国会想授予戴高乐以元帅军衔,但被他拒绝了。他认为,胜利应该属于光荣的将士们,我就是一个准将,在将军当中级别也是最低一级。晚年,他虽领一份退休准将的薪金,但极其微薄。他夫人是不工作的,女儿 3 岁的时候,因为医疗事故导致智障。他的薪金要养活这么多人,怎么办呢?老爷子就只能写回忆录,靠这个来谋生。到他那个级别的人写回忆录,公认的惯例是用不着本人亲自写,一般都是摇椅上一躺,一边吞云吐雾,一边漫不经心地口述,由秘书在一边拼命敲字……而他呢?烟酒都戒了,因为支付不起了,且自己敲打字机。他是差两个礼拜就到 80 岁时去世的,实际上是被活活累死的。

戴高乐早在 1952 年就写好遗嘱并密封起来,要求在他去世后才许启封。遗嘱中对自己的后事做了详尽安排。这份遗嘱承续了他一贯的思想和风格,读来令人肃然起敬。

"我希望在科龙贝教堂举行我的葬礼。如果我死于别处,我的遗体务必运回家乡,不必举行任何公祭。我的坟墓必须是我女儿安娜安葬的地方,日后我的夫人也要安息在那里,墓碑上只写:夏尔·戴高乐(1890~?)。

"葬礼要由我儿子女儿和儿媳在我私人助手们的帮助下安排,仪式必须极其简单。我不希望举行国葬,不要总统、部长、议会代表团和公共团体代表参加。只有武装部队可以以其身份正式参加,但人数不必很多。不要乐队吹奏,也不要军号。不要在教堂或其他地方发表演讲,国会不要致悼词,举行葬礼时,除我的家庭成员、我的解放功勋团战友和科龙贝市议会成员外,不要留别的位子。法国的男女同胞如果愿意的话,可以陪送我的遗体到达它的最后安息之地,以给我的身后遗名增光,但我希望要默默地把我的遗体送到墓地。

"我声明,我事先拒绝接受给予我的任何称号、晋升、荣誉、表彰和勋章,不论是法国的还是外国的。授予我上述任何一项,将违背我的最后愿望。"

戴高乐的愿望都实现了,葬礼非常简朴,4万多男男女女从法国各地来到科龙贝为他们心目中的英雄送葬。与此同时,巴黎大主教马尔蒂在巴黎圣母院为戴高乐将军举行隆重的安灵弥撒,许多国家的元首都赶来致哀。几十万巴黎人冒雨向爱丽舍宫行进,在凯旋门这个26年前戴高乐站过的地方肃立致哀。第二天,巴黎市议会决定把凯旋门所在的星形广场改名为夏尔·戴高乐广场。这可以说是向拒绝任何荣耀的领袖授予"荣誉"的一种最好方法。

3. 萨特

让·保罗·萨特(Jean-Paul Sartre,1905～1980年),20世纪法国著名的文学家、哲学家和政治评论家,法国无神论存在主义的主要代表人物,同时也是优秀的戏剧家和社会活动家。

1961年,由于经济拮据,萨特执笔重写搁置多年的自传,并将其重新命名为《词语》。该书在1963年发表于《现代》一刊上,次年出版单行本,作品一经发表便引发热议。同年,瑞典皇家文学院以"思想丰富、充满自由气息和探求真理精神"为由,把1964年度诺贝尔文学奖授予萨特。在丰厚奖金面前,经济拮据的萨特致信诺贝尔文学奖,请对方取消这项决定。但瑞典文学院并没有因此而改变决定,最终仍把文学奖授予萨特。后来,萨特委托人在斯德哥

三 欲望困境

尔摩宣读自己的公开声明,声明"不接受一切官方给予的荣誉",并以保留知识分子的独立性为由,再度拒绝领取该奖。他的声明原文如下:

> 我很遗憾这是一件颇招非议的事情:奖金被决定授予我,而我却拒绝了。原因仅仅在于我没有更早地知道这件事的酝酿。我在十月十五日《费加罗文学报》上读到该报驻瑞典记者发回的一条消息,说瑞典科学院可能把奖金颁发给我,不过事情还没有决定。这时我想,我只要写一封信给瑞典科学院(我第二天就把信给发了),我就能改变这件事情,以后便不会再有人会提到我了。
>
> 那时我并不知道颁发诺贝尔奖是不征求受奖者的意见的。我还认为我去信加以阻止是及时的。但我知道,一旦瑞典科学院做出了决定,他就不能再反悔了。
>
> 我拒绝该奖的理由并不涉及瑞典科学院,也不涉及诺贝尔奖本身,正如我在给瑞典科学院的信中说明的那样。我在信中提到了两种理由,即个人的理由与客观的理由。个人方面的理由如下:我的拒绝并非是一个仓促的行动,我一向谢绝来自官方的荣誉。如在 1945 年战争结束后,有人就提议给我颁发荣誉勋章,我拒绝了,尽管我有一些朋友在政府部门任职。同样,我也从未想过进法兰西学院,虽然我的一些朋友曾这样向我建议。
>
> 这种态度来自我对作家这一工作所持的看法。一个对政治、社会、文学表明其态度的作家,他只有运用他的手段,即写下来的文字来行动。他所能够获得的一切荣誉都会使其读者产生一种压力,我认为这种压力是不可取的。我是署名"让·保罗·萨特"还是"让·保罗·萨特:诺贝尔奖获得者",这绝不是一回事。
>
> 接受这类荣誉的作家,他会把授予他荣誉称号的团体或

机构也牵涉进去。我对委内瑞拉游击队抱同情态度,这件事只关系到我。而如果是诺贝尔奖获得者让·保罗·萨特支持委内瑞拉的抵抗运动,那么他就会把机构的所有诺贝尔奖得主牵连进去。所以作家应该拒绝被转变成机构,哪怕是以接受诺贝尔奖这样令人尊敬的荣誉为其形式。

这种态度完全是我个人的,丝毫没有指责以前的诺贝尔奖获得者的意思。我对其中一些获奖者也非常尊敬和赞赏,我以认识他们而感到荣幸。

我的客观理由是这样的:当前文化战线上唯一可能的斗争是为东西方两种文化的共存而进行的斗争。我并不是说,双方应该相互拥抱,我清楚地知道,两种文化之间的对抗必然以冲突的形式存在,但这种冲突应该在人与人、文化与文化之间进行,而无须机构的参与。

我个人深切地感受到两种文化的矛盾:我本人身上就存在着这些矛盾。我的同情无疑趋向社会主义,也就是趋向于所谓东方集团,但我却出生于一个资产阶级的家庭,在资产阶级的文化中长大。这使我能够与一切愿意使这两种文化相互靠拢的人士合作共事。不过,我当然希望"优者胜",也就是社会主义能取胜。

所以我不能接受无论是东方还是西方的高级文化机构授予的任何荣誉,哪怕我完全理解这些机构的存在。尽管我所有同情都倾向于社会主义这方面,不过我仍然无法接受譬如说列宁奖,如果有人想授予我该奖的话。现在当然不是这种情况。

我很清楚,诺贝尔奖本身并不是西方集团的一项文学奖,但它事实上却成了这样的文学奖。有些事情恐怕并不是瑞典文学院的成员能决定的。所以就现在的情况而言,诺贝尔奖在客观上表现为给予西方作家和东方叛逆者的一种荣誉。譬

三 欲望困境

如,南美一位伟大的诗人聂鲁达就没有获得这项荣誉。此外人们也从来没有严肃地对待路易·阿拉贡,而他却是应该获得这一荣誉的。很遗憾,帕斯捷尔纳克(原苏联作家,被迫拒领 1958 年诺贝尔文学奖)先于肖洛霍夫获得了这一文学奖,而唯一的一部苏联获奖作品只是在国外才得以发行,而在它本国却是一本禁书。人们也可以在另一种意义上通过相似的举动来获得平衡。倘若在阿尔及利亚战争期间,当我们签署"一二一人宣言"的时候,那我将十分感激地接受该奖,因为它不仅给我个人,而且还给我们为之而奋斗的自由带来荣誉。可惜这并没有发生,人们只是在战争结束之后才把该奖授予我。

瑞典科学院在给我授奖的理由中提到了自由,这是一个能引起众多解释的词语。在西方,人们理解的仅仅是一般的自由,而我所理解的却是一种更为具体的自由,它在于有权利拥有不止一双鞋和有权利吃饭。在我看来,接受该奖,这比谢绝它更危险。如果我接受了,那我就顺从了我所谓"客观上的回收"。我在《费加罗文学报》上看到一篇文章,说人们"并不计较我那政治上有争议的过去"。我知道这篇文章并不代表科学院的意见,但它却清楚地表明,一旦我接受该奖,右派方面会做出何种解释。我一直认为这一"政治上有争议的过去"是有充分理由的,尽管我时刻准备在我的同伴中间承认我以前的某些错误。

我的意见并不是说,诺贝尔奖是一项"资产阶级"的奖金,这正是我所熟悉的那些阶层必然会做出的资产阶级的解释。

最后我再谈一下钱的问题。科学院在馈赠获奖者一笔巨款的时候,它也同时把某种非常沉重的东西放到了获奖者的肩上,这个问题使我很为难。或者接受这笔奖金,用这笔钱去支持我所认为的重要组织或运动。就我来说,我想到了伦敦的南非种族隔离委员会。或者因为一般的原则而谢绝这笔奖金，这样我就剥夺了该运动可能需要的资助。但我认为这并不是一个真正的问题。显然我拒绝这笔二十五万克朗的奖金只是因为我不愿被机构化，无论东方或是西方。然而你们也不能为了二十五万克朗的奖金而要求我放弃原则，须知这些原则并不仅仅是你们的，而且也是你们所有的同伴所赞同的。正是这一点使我无论是对奖金的馈赠还是对我不得不做出的拒绝而感到十分为难。

最后，我谨向瑞典公众表示我的谢意。

4. 佩雷尔曼

2003年，俄罗斯数学家格里戈里·佩雷尔曼破解了100年前提出的看似永远也无法破解的庞加莱猜想。他被认为是世界上最聪明的男人之一。这位科学家分别于2002年和2003年公开了两个证明这一定理的证据。但直到2010年，一个数学家小组才验证了他的结果是正确的。

美国马萨诸塞州坎布里奇市，克雷数学研究所"千年奖"名单曾列出7个难题，而庞加莱猜想就是其中之一。解开庞加莱猜想的奖励是100万美元奖金和一枚菲尔兹奖章。菲尔兹奖被誉为"数学界的诺贝尔奖"。

出人意料的是，佩雷尔曼拒绝这笔丰厚奖金的馈送，同时称他得到的知识价值远远超出物质奖励。他对当地一家报纸说："我对金钱或名声不感兴趣。我知道如何控制宇宙。那么你告诉我，我为什么要为100万奔波？"这位45岁的数学天才依然与妈妈和姐姐生活在一起，住在圣彼得堡简陋的家中。

5. 蔡元培和胡适

蔡元培先生出生于1868年1月11日，至1936年1月11日，

三 欲望困境

按当时广为流行的虚岁计法,则已届 70 岁了。俗话说:"人生七十古来稀"啊!所以,蔡先生的一些好朋友和学生想给他老人家做 70 岁大寿,祝福他老人家健康长寿!

自古以来,为人做寿,是非送寿礼不可的。那么,送什么样的寿礼呢?这就大有讲究了。所送之寿礼最好要为老寿星所亟需并乐意接受的,也能表达大家的一份诚挚心意。大家本着这个原则,经过认真考量,反复讨论,最后商定,由大家集资购买或兴建一套房子作为寿礼。因为,蔡先生一直没有自家的住房,特别是到了晚年依然如故,还得租房子住。

据统计,蔡先生于 1928 年 8 月,已年逾花甲,六十又二岁,举家离开北平南下,定居上海,至 1937 年 11 月,偕妻携子离开上海南下,避难香港,前后九年之间,在上海先后租房竟然多达五次:慕尔鸣路升平街 243 号、极司非尔路 49 号、静安寺路静安别墅 54 号、愚园路 884 号、海格路 175 号。几乎是过一年多点时间,就得搬一次家,总是寄人篱下。搬一次家,是相当麻烦的事,常搬家,显然不利于老人的身心。

所以,蔡先生要好的朋友和学生蒋梦麟、胡适、王星拱、丁燮林、赵畸、罗家伦,于蔡先生七十岁前夕的 1935 年 9 月 7 日,特地集体联名写信给蔡先生:

"孑民先生:

我们都是平日最敬爱先生的人,知道明年一月十四日(误,是十一日——引者注),是先生七十岁的寿辰,我们都想准备一点贺礼,略表我们敬爱的微意。我们觉得我们要送一件礼物给一位师友,必须选他所最缺少的东西。我们知道先生为国家,为学术,劳瘁了一生,至今还没有一所房屋,所以不但全家租人家的房子住,就是书籍,也还分散在北平、南京、上海、杭州各地,没有一个归拢庋藏的地方。因此我们商定这回献给先生的寿礼,是先生此时最缺少的一所可以住家藏书的

人本困境

房屋。我们约定这次赠送的参加者,由各人自由决定:任何人的赠送,都不能超过一定低微的数目;而且因为时间和地点的关系,对于先生许多的朋友、学生,并不及普遍的通知。可是各地的响应,已超过了我们当初的期望。

现在我们很恭敬地把一点微薄的礼物献给先生;很诚恳地盼望先生接受我们这一点诚意!我们希望先生把这所大家献奉的房屋,用作颐养、著作的地方;同时也可看作社会的一座公共纪念坊,因为这是几百个公民用来纪念他们最敬爱的一个公民的。我们还希望先生的子孙和我们的子孙,都知道社会对于一位终身尽忠于国家和文化而不及其私的公民,是不会忘记的。"(季羡林主编,《胡适全集》,第24卷,第237~238页,安徽教育出版社,2003)

蔡先生面对大家的盛情与重礼,感觉到受之有愧和却之不恭的两难,所以反复考虑了三四个月后才选择了接受,延迟到自己七十岁生日快到的1936年1月1日才写了回信:

"接二十四年九月七日惠函,拜读以后,惭悚得狠!诸君子以元培年近七十,还没有一所可以住家藏书的房屋,特以合力新建房屋相赠。元培固没有送穷的能力,但诸君子也不是席丰履厚的一流;伯夷筑室,供陈仲子居住,仲子怎么敢当呢?诸君子的用意,在对于一个终身尽忠于国家和文化而不及其私的公民,作一种纪念,抽象地讲起来,这种对于公尔忘私的奖励,在元培也是极端赞成的。但现在竟以这种奖励加诸元培,在元培能居之不疑么?但使元培以未能自信的缘故,而决然谢绝,使诸君子善善从长的美意无所藉以表见,不但难逃矫情的责备,而且与赞成奖励之本意,也不免有点冲突。元培现愿为商君时代的徙木者,为燕昭王时代的骏骨,谨拜领诸君子的厚赐,誓以余年,益尽力于对国家对文化的义务;并勉励子

三　欲望困境

孙,永永铭感,且勉为公尔忘私的人物,以报答诸君子的厚意。谨此申谢。"(周天度,《蔡元培传》,第 379 页,人民出版社,1984)

但是,由于日军侵华日益加剧,在 1937 年日军先心怀叵测地挑起"七·七"事变,攻陷北平,紧接着又肆无忌惮地挑起"八·一三"淞沪战争,攻陷上海,中国人民同仇敌忾地奋起并进行全面的抗日战争,大家,连同蔡先生本人,也就无暇再顾及为他建设新的住房之事了。

胡适先生租房子住的情况,他的老乡、亲戚、老朋友、有时还是常住客的石原皋曾做过统计。在北京,先后租房多达五处:南池子缎库后身八号、钟鼓寺十四号、景山大街陟山门六号、后门米粮库四号、东厂胡同一号。在上海,租住静安寺极司非尔路四十九号甲。总之,在北京多年,胡适始终没有买房。在上海和其他地方,他也没有买,他一生没有置业。

蔡元培和胡适两位先生如果想买房子的话,并非是绝对不可能,相反的倒是大有希望。因为,他们都担任过要职,蔡先生当过教育总长、大学院院长、中央研究院院长和北大校长;胡先生当过驻美大使和北大校长,他俩的职务,相当于今天中央的部长。而他们的贡献和影响则大大超越于一般的部长,他们是名教授、大学者、引领时代的思想家。他俩又都拿过高薪,每月工资 600 元,还有丰厚的稿酬等为收入。据李书华回忆,他从 1922 年到 1929 年在北大物理系任教授与系主任期间,北大的一般教授每月的工资为 280 元,或者 260 元,或者 240 元。并且,当时在北平生活便宜,"租一所四合院的房子,约有房屋二十余间,租金每月不过二三十元,每间房平均每月租金大洋一元"。既然房屋租金比较便宜,那么房屋售价也就不会太贵了。所以,"有的教授省吃俭用,节省出钱来购置几千元一所的房屋居住;甚至有能自购几所房子以备出租者"(《七年北大》,《我与北大'老北大'话北大》,第 164 页,北京大学出版社,1998)。如此说来,蔡元培和胡适两位先生岂不是也可以买得起房子了吗?但是,他们终其一生都没有买房子。为什么呢?

主要原因有三:其一,他俩的工资虽不低,但由于北洋军阀政府(1912~1928 年)对教育经费投入少,时常拖欠,甚至克扣,使得他们的工资或者名存实亡,或者名不符实!

其二,他们热心公益,乐善好施,慷慨捐献;广交朋友,热情款待,救急扶贫,资助学生,资助尚处困境中的年轻人,资助文化教育事业。例如,蔡先生"因应酬较多,每月薪资几乎不敷开支。某次经办人员就在原来的薪俸之外,增加二百元,被他发现,当场就把多给的钱退回去,并告诫经办人员,生活紧些没关系,一切要按规定办事,制度必须严格遵守"(周天度,《蔡元培传》,第 376 页,人民出版社,1984)。又如,著名的学者林语堂当年留学哈佛经济来源无着落时,是胡先生及时救济了他。林语堂在《我最难忘的人物——胡适博士》一文中回忆说:"1920 年,我获得官费到哈佛大学研究……不料到了美国,官费没有按时汇来,我陷入困境,打电报告急,结果收到了两千美元,使我得以顺利完成学业。回北平后,我向北大校长蒋梦麟先生面谢钱事。蒋先生问道:'什么两千块钱?'原来解放了我困苦的却是胡适,那笔在当时近乎天文数字的钱是从他自己腰包里掏出来的。他从未对我提起这件事,这就是他的典型作风。"(《读者文摘》,1963 年 10 月)有资料显示,沈从文当年在上海时常常找胡适接济。如果胡先生把这"在当时近乎天文数字的两千美元"不是暗暗地白送给林语堂,而是留着买房子的话,那就不但可以买到一般的房子,兴许还可以买到豪宅呢!

其三,他们的立身处世,所追求和所持守的乃是多奉献,少索取;重精神,轻物质;约己严,待人宽;要富而仁,不要富而不仁等,他们的人生态度是求实的,他们的人生理想是远大的,他们的人生境界是高尚的。这就从根本上决定了他们对购房和租房的取舍。

蔡元培和胡适两位先生为什么不买房？归根结底,决定于他们的精神境界。他们的人生境界是高尚的,这就从根本上决定了他们对购房和租房的取舍了。(钱耕森,《中华读书报》,2010年11月10日,第5版,原题:《北大老校长为何不买房——蔡元培和胡适租房住的故事》)

四　爱情困境

——爱情是非理性的，但又不能没有理性

长时间以来，在网上、在书中、在一些人的口头上，常听到一句话：爱是没有理由的；或，爱是不需要理由的；或，我爱你，就是唯一理由；诸如此类。这类话，乍一听，浪漫而有诗意，"看上去很美"；细想来，却似是而非，简单幼稚，经不起推敲。诚然，爱情的发生是非理性的，但是，又不能没有理性的约束。因为，爱情，固然是个人化、私密化的情感，是自由的，但是，你和他（她）都不是生活在真空中，而是生活在社会环境即人际关系网络里，因此你就不可能不受到社会环境、人际关系的约束，不可能完全任凭非理性情感的自由泛滥。也就是说，爱是非理性的，但又不能没有理性，这便是爱情的困境，是谁也躲不开、逃不脱的困境。

（一）追求爱情与遵守社会道德规范的两难选择

爱情是人生的重要内容之一，是人生幸福的一个至关重要的方面。追求爱情是每个人天生具有的权利，用西方话语表述即天赋人权，但它又常常与社会道德规范发生矛盾。这方面的例子无论在现实中，还是在文学艺术作品中实在是太多了。这里笔者拟以俄国文豪托尔斯泰传播最广、影响最大的文学名著《安娜·卡列

四　爱情困境

尼娜》为例加以讨论。

1. 安娜的两难

《安娜·卡列尼娜》是托翁名著,在托尔斯泰三大名著中,它在艺术表现上最为完美,被人们谈论最多,也最为读者所偏爱。

小说主人公安娜是一个美丽聪慧、充满生命活力的贵族女性,她不满于刻板乏味的婚姻而与青年军官伏伦斯基相爱了。他们的爱情遭到安娜丈夫卡列宁和整个贵族社会的拒绝,于是陷入生存困境。万般无奈之下,安娜精神崩溃,以自杀方式悲剧地结束了人生。

关于安娜悲剧的意义,中国的外国文学史教材中早有定评:"安娜的悲剧从根本上说,是由那个罪恶的社会造成的。""安娜行动的社会意义,一方面是反对旧的封建礼教,反映了资产阶级个性解放的要求;另一方面也是向贵族社会的虚伪道德挑战。"用社会历史视角分析作品,这些论断应该说是可以接受的,我对此不表示异议。但是安娜悲剧的意义仅仅是反封建、批判贵族社会么?!恐怕未必!我认为,除了社会意义,在作品的深层还有着更为普遍的人生意义。

安娜的悲剧,不用说,首先是社会悲剧——那个时代陈腐伪善的上流社会容不下她,致使她走向毁灭;如果换一个时代,社会进步了,文明程度高了,安娜的悲剧就可能不至于发生。关于这一点,不用细说读者即可认同。但是,这仅仅是可能而未必是必然,换一个时空点,安娜所面临的生存环境可能相对比较宽松,安娜的行为所激起的社会冲突也许不至于像当时那样尖锐。但是,冲突的激烈程度可以缓和,但矛盾本身却依然存在,在某种条件下甚至也同样可以激化,以至于发生与安娜相同的悲剧。这就是说,托尔斯泰借安娜命运所揭示的既是一个特定时代的社会问题,又是一个超越时代的人生问题。或者与其说是社会问题,不如说是更具普遍意义的人生问题——一个任何文明社会人们都可能遇到的人生问题，即追求爱情（也可以泛化为个人幸福）与遵守社会道德规范的两难选择问题。

我们知道，爱情来自人的天性，是人所共有的天然权利，是人类追求幸福的一个重要方面。社会道德是为了让人们在一起生活得更好而制定的，因而对爱情应该承认、理解和保护，当然也要对它加以规范、调节和制约。从理论上说，社会道德规范与爱情、与个人幸福应该是一致的而不应该是矛盾的。但在实际生活中两者却常常是矛盾和冲突的。例如一对男女结婚之后，谁也不敢保证在以后漫长的人生旅途中就不会遇上一个比自己的丈夫（或妻子）各方面都更优秀更完美因而更让人动心的人。一个男人欣赏一个女人的聪明、美丽与善良，一个女人欣赏一个男人的胸怀、学识和智慧，从人性角度看，应该说是完全正常的。爱美爱优秀是人类美好的天性，可以说正是这种天性把人类一步步引向了更高的境界。但是问题也就由此而生：如果双方的感情仅仅停留于欣赏与爱慕，社会道德可以认可；如果超越了这一点，由欣赏、爱慕走向婚外恋乃至于更远，社会道德规范就要出来干涉了。

具体到安娜来说，她聪明、美丽，特别富有情感，但与丈夫结婚十年，没有感情，不知爱情为何物。命运让她与年轻潇洒风度翩翩的皇家军官伏伦斯基相遇，后者对她一见倾心，继而疯狂追求。经过一段痛苦的犹豫，两人终于不顾一切堕入爱河，从而演出一段惊动整个上流社会的、轰轰烈烈的爱情。安娜的爱情源自生命意识的觉醒，伏伦斯基的爱情虽然有某种程度的虚荣心理，但总的看也是出于真实的情感，源于对安娜高雅气质的倾慕。应当说，他们的爱情是自然的，同时也是真诚的、热烈的，甚至可以说是痴迷的，因而是感人的，也是可以理解值得同情的。然而却不为社会所认可。因为，安娜是已婚女人，已婚女人应当维护神圣的婚姻、家庭，应当自觉地尽妻子和母亲的义务，总之应当无条件地遵守社会为你制定的伦理道德规范。安娜做不到这一点,于是受到社会舆论的谴责,从而进入了追求爱情与道德,或者说是追求个人幸福与遵守社会规范的两难困境之中。

2. 钟雨的两难

安娜所遇到的困境,仅仅是那个时代那个社会的吗？当然不是。事实上,安娜的两难以不同的外在形式,相同的内在实质,在不同时代不同社会反反复复地重演着。20世纪70年代末我国作家张洁的小说《爱,是不能忘记的》中,女作家钟雨的遭遇就是一例。钟雨年轻时不懂爱情,轻率地嫁给了一个不值得爱的人,离异后她带着一个小女孩生活。后来她爱上了一个有思想有魄力的老干部,对方也爱上了她。双方心灵相通、相互欣赏,因而产生爱情。然而老干部已有一个虽然没有爱情但却平静和睦的家庭,因而他们的相爱只能停留于精神苦恋的层面上而不能谈婚论嫁建立家庭,否则就与道德规范相冲突。她和他都清醒地意识到这一冲突的危险性和严峻性,因而严守规范,把"爱"控制在情感领域而从不越雷池半步,演出了一场爱而不能结合的人生悲剧。

同安娜一样,钟雨的悲剧也源于爱情的困境。一方面,他与老干部的爱是"合情"的,正如作者借作品中人物之口对他们进行辩护时说的:"一个人对另一个人产生感情原没有什么可以非议的地方,她并没有伤害另一个人的生活。"但另一方面,他们的爱情却不"合礼"——社会规范不予承认,因而他们必须压抑甚至扼杀这种感情。正如作者借作品中人物之口所说:"为了另一个人的快乐,他们不得不割舍自己的感情。"总之,"爱"没有错,社会规范也没有错,但两者却是相互冲突相互否定的。这就是悲剧,真正的悲剧。它符合黑格尔所说的悲剧的主要特征:双方都有理由,而双方却是相互冲突相互否定的。张洁用艺术的形式揭示了"爱情困境"——追求个人幸福与遵守社会道德规范的矛盾与冲突。

也许我们可以说,在安娜和钟雨的爱情经历中,社会道德规范都过于陈腐僵化,扼杀人性,因而需要破除,需要建立新的规范以取代它。这话确有道理。然而,无论社会规范怎样变化,只要它仍然是社会规范,就必然与人们追求爱情、追求个人幸福的愿望有相冲突的地方。只要二者之间存在冲突,由这种冲突所导致的人生困境就不会消亡。

3. 弗朗西斯卡的两难

这不是在谈玄,而是人类生存的现实。我们还以文学作品为例证。20世纪80年代末,一本以爱情为主题的通俗小说《廊桥遗梦》,先是风靡美国而后风靡全世界。作品女主角弗朗西斯卡原是意大利那不勒斯的姑娘,为爱情追随丈夫来到美国,大学毕业后放弃教职与丈夫一起经营一座农庄,经济丰裕,家庭幸福,生活平静。然而正是这种平静让她感到沉闷乏味,满足不了内心深处对于爱的隐秘的渴望。一个偶然的机会,她遇见酷爱自由、自称西部最后一个牛仔的摄影记者罗伯特·金凯。二人一见倾心,突然爆发了不可遏止的爱的激情。他们互相感谢命运,认为这是上帝安排让他们今生今世相爱一场。然而当金凯要带弗朗西斯卡离开家庭的时候,她犹豫了。她意识到了社会的道德规范,意识到自己作为妻子和母亲的责任,她也进入了痛苦的两难选择之中。最后,终于忍痛割"爱",又回到"规范"之中。为了不让善良的丈夫痛苦,至死她都没有与情人再见一面,她和情人都在相互思念和等待之中度过余生。

4. 梁亚洲的两难

2000年,由冯小刚执导,张国立、徐帆、刘蓓主演的影片《一声叹息》,反映的是新时期中国人的感情生活。剧情的梗概是:电影制片人为了让编剧梁亚洲尽快写出剧本,把他一个人关在海南的一座临海小楼里,并从北京派了女助手李小丹负责照顾他的日常生活,以便更快完成剧本。然而事与愿违,李小丹的到来非但没有使梁亚洲的创作进度加快,反而令他心猿意马,两个人不由自主地堕入了爱河。回到北京后,梁亚洲一边继续扮演好丈夫、好父亲的角色,一边享受情人的关爱,无法自拔。妻子宋晓英知道丈夫的婚外恋后问他:"你爱她吗?那你爱我吗?"梁亚洲很诚实地说:"我对你们娘俩是另外一种感情,晚上睡觉吧,我摸着你的手,就像摸我自己的手一样,没什么感觉,可是要把你的手锯掉,那跟锯我的手一样,疼!你们娘俩是我的亲人,她是我爱着的人,两边一样重,谁也代替不了谁。"宋晓英听后委屈得泣不成声,女儿含泪的目光使梁亚洲无法做出离婚的决定,他和妻子分居了。

妻子为了省钱便以女性之身承担了男性的活,她独自粉刷新家时摔伤,梁亚洲回到家里服侍她,接送女儿上下学,买菜做饭,从早忙到晚,他承担了妻子过去一直承担的所有家务,从中他体会到了她的不容易。这期间梁亚洲一直没有和李小丹见面,也没有通电话,这个局面使梁亚洲以为婚外情只是一首伤心的歌,当李小丹突然出现在梁亚洲家门口时,他才意识到这首歌并没有走远。两边他都舍不下,然而又不能这样一直拖下去,他陷入了痛苦的两难之中。后来,李小丹感受到了梁亚洲夫妻感情深笃,感受到梁亚洲的女儿对自己的怨恨,她的心颤抖了,悄悄离开了。梁亚洲一家的生活恢复平静,笑容也回到了妻子和女儿的脸上。影片结束的时候,在沙滩上,梁亚洲看着妻子和女儿在水中玩耍,突然,他接到了一个电话,紧接着我们看到他回头张望,脸上露出惊慌的表情……影片暗示他和李小丹的关系并没有中断,他仍在两难之中挣扎。

5. 两难困境的普遍性

把弗朗西斯卡拉来与安娜、钟雨乃至梁亚洲放到一起,或许不尽合适,但本文无意于讨论其中的细枝末节,而着眼于他们面临共同的人生困境。我的意思是说,从十九世纪中期的俄国,到二十世纪后期的美国,二十一世纪的中国,时间在变,社会历史环境在变,总之一切都在变,而困扰人类生活的深层矛盾却不变。无论是安娜,还是弗朗西斯卡和梁亚洲,他们都没有走出追求爱情与遵守社会道德规范的两难困境,可见这一困境的普遍性、超越性和永恒性。

为什么呢?这当然与冲突双方的性质不同有关。爱情(以及其他一切纯属个人性质的各种欲望)是一种最具个人性的感情,它的本性要求自由,要求随心所欲而不顾及其他,它一般表现为非理性的特征;而社会道德规范代表的则是社会意志,表现出的是社会理性的特征。换句话说,即人的自然属性要求自由,而人的社会属性要求规范,这就造成二者的尖锐冲突。

个体感情、个人幸福与道德规范的关系,实质是个人与社会的关系。个人与社会相互依存相互渗透,既对立又统一。社会文明程度高,二者和谐统一的一面占主导地位,反之则冲突的一面占主导地位。但无论如何,二者之间永远相互纠结,不可分离。也就是说,个人幸福与某些社会规范之间的对立永远也不会消除,由此造成的人生困境也就永远存在。

面对上述人生困境,谁也没有两全其美的办法。不是哪个人乃至整个人类的智慧不够,而是因为困境的本原性、根本性——困境之所以为困境,就因为走不出,能走出的就不叫困境。这里没有两全,只有两难。

小说家、道德家、思想家托尔斯泰对此也束手无策,一脸无奈。一会儿,他觉得安娜应该顺应自己内心的呼唤,大胆追求幸福的爱情;一会儿,他又认为安娜背叛了丈夫,抛弃了孩子,破坏了家庭,是有罪的。从道德观念出发,他谴责安娜,"申冤在我,我必报应"正是他理性的声音。但在感情上他又真诚地同情安娜——他笔下的安娜光彩照人,魅力四射,所到之处无不让人倾倒。托尔斯泰的

四　爱情困境

笔锋处处为安娜说话,让读者理解安娜,同情安娜。这里,矛盾的根源不是作者没有是非,没有立场,而根本原因是托尔斯泰也陷入了上述的人生困境之中。托尔斯泰对安娜态度的暧昧、矛盾、摇摆不定,正反映了他对这一困境的深刻理解。他是一个忠实于生活的艺术家,他不愿对生活做简单化的处理,没有主观性地肯定一个否定一个。这正体现了托尔斯泰创作的现实主义深度,也体现了他作品思想和艺术的深度,从而使他的作品具有超越时空的永恒的思想价值和认识价值。那些把他的矛盾解释为他的软弱性、不彻底性的人,才正是十足的浅薄。

顺便说一句,和作者一样,在《安娜·卡列尼娜》的接受史上,无论哪个时代哪个国度的读者,对安娜的态度也充满矛盾——有人恨她,有人同情她。表层原因是读者的立场不同,深层原因是上述的根本困境。

爱情困境无法以简单化、道德化的方式轻易解决,有人对此极而言之曰"绝境"。《绝境》是一篇小小说(作者白小易,载《微型小说选刊》,1993年第5期)的标题。故事梗概是:有一天,"我"的一位精神有点不太正常的中学同学汪禹给"我"讲了一个离奇的不幸故事,几年前他带着妻子和妹妹到深山旅游,结果碰上劫匪了。劫匪要抢他们的钱而他们没钱,劫匪生气便要杀他们中的一个人冲冲晦气。汪禹坚决要求杀自己,但劫匪坚持要杀两个女人中的一人,限时三分钟,时间到了做不出决断就把她们俩全杀掉。汪禹看看妻子,不能杀;再看看妹妹,也不能杀。劫匪再次催问没有回答,结果把两个女人全杀了,汪禹受到刺激从此疯了。他说两个女人我本来可以保下来一个,可是我无论如何也不知道保哪个,你说我应该保谁呢?"我"想了想,想出一身冷汗也不知道应该保哪个。这时过来一个女人不由分说便要把汪禹带走。"我"问她你是谁,她说是汪禹的妻子。"我"说他妻子不是被杀了吗?她说你别信他胡说八道,他没什么妹妹,他有一个小妞头把他弄得五迷三道,他出不来了。汪禹很沉重地向"我"转过脸来,悲悲切切地叫了声:我完了。

这是一篇很精彩的表意小说。表意小说就不能从写实(生活真实)角度去理解。读者不要纠缠于故事表面,总是在问汪禹说的是真的还是他妻子说的是真的。通读全篇可知,作者设计一个离奇故事,其寓意是要表达对生活的理解——作者悟到了爱情的困境、爱的两难选择——汪禹陷入了爱的困境中。

面对困境,人物没有办法,作者没有办法,读者也没有办法。过去的人没有办法,现在的人没有办法,将来的人也未必就有办法。当然,社会发展了,文明程度更高了,困境变得不那么僵死可怕,不近人情了;但是,只要"个人"与"社会"这一矛盾存在,追求个人幸福与遵守社会规范的困境就会存在。因为人性要求解放(自然性)也要求约束(社会性),要求自由(自然性)也要求规范(社会性)——这是人性的悖论;文明和规范给人类带来幸福和快乐,也必然给人类带来约束和压抑——这是文明的悖论。

面对文明的悖论和爱情的困境,或许古人的老话有些参考价值:"发乎情而止乎礼。"话虽简单却极为深刻和练达,这是解决矛盾的最佳分寸。可是人性总是不太甘心那么老实地"止乎礼",于是不知不觉进入困境。人类啊,总是又清醒又糊涂,这就是人类生存的现状,可能永远都会如此。对此,请问读者诸君,你有什么高明的好办法?!

(二)爱情是多指向的,但却又必须是专一的

这一问题是作家史铁生提出来的。他在长篇小说《务虚笔记》和《我的丁一之旅》及散文《爱情问题》中反复提出一个问题:爱情是多指向的,但却又必须是专一的,这是一个矛盾。他说,爱情既然是美好的感情,为什么要专一而不该多向呢?为什么不能把它推广为1对2、对3、对4——以至于n对n,所有的人对所有的人

呢？好东西难道不应该扩大反倒缩小到只是一对一？多向的爱情,正可与多向的性吸引相和谐,多向的性行为何以不能是爱的仪式呢？那岂不是在更大的范围里摆脱孤独么？岂不是在更大的范围里敞开心扉,实现心灵的自由与和平么？这难道不是更美好的局面？

史铁生认为,这样的设想不能说不是一个美好的理想。从道理上讲没有谁能说这样的局面有什么不美或不好。然而这样的设想却压根不能实现——"不是不该,而是不能。不是理想的不该,不是逻辑的不通,也不是心性的不欲,而是现实的不能。"(三,310)

为什么不能？史铁生没有从社会、伦理、道德等传统角度加以解释,而是有自己独特的思路。他说:"非常奇妙不可言:不能的原因,恰恰就是爱情的原因。简而言之,孤独创造了爱情,这孤独的背景,恰恰又是多向爱情之不能的原因。倘万众相爱可如情侣,孤独的背景就要消失,于是爱情的原因也将不在。孤独的背景即是我们生存的背景,这是闭上眼睛也能感受到的事实,所以爱情应当珍重,爱情神圣。"(三,311)

史铁生的解释具有思辨性。他的意思是:现实中的人由于种种原因,心灵处于相互隔离即孤独的状态;有隔离才要求沟通,要求自由,也就是要求爱情。爱情能让人沟通、自由,或者说人的心灵相互沟通,进入自由之境才可以叫作爱情。爱情以孤独和隔离为背景,是对孤独和隔离的拯救。这就是说,在孤独与隔离的背景下,爱情才显得美丽动人,才有无比珍贵的价值;相反,如果人人可以相爱,获得爱情像获得空气一样容易,爱情也就失去了意义,失去了存在的价值。爱情一旦失去了美丽,便不能让人心动,也就不能再叫作爱情。

逻辑的思辨之外,史铁生还举了一个现实的例子证明"专一"的价值(或多向之爱的不可能)。史铁生说有一位性解放人士,公开宣称爱着很多女人而且还宣称他很诚实。然而现实却让他陷入尴尬:众多爱人都冲着他嚷:要么你别爱我,要么只爱我一个!于是他只好瞒了这个瞒那个,他感到自己好荒唐:本意是寻找自由与和平,结果却得到了束缚和战争;本意要诚实,结果却欺瞒;本意要爱,结果却孤独。他进入了爱情的困境:他和她们之间已没有了心灵的自由,已隔膜重重,已谈不上所谓的爱情。他看到了自由的难得,他感到自己好孤独。那么出路何在?史铁生说无非两条:一是放弃爱情,在欺瞒中去满足多向的性欲,以麻醉孤独中的心灵;二是做爱情的信徒,知道爱的难得,因而祈祷因而虔敬,不恶其少而恶其不存,唯其存在,心灵才注满希望。

总之,多向的爱情只能是一种理想,或者说是一种脱离实际的幻想。孤独和隔膜的现实世界使它永远遥不可及,而危险性最小的 1 对 1 的爱才便于心灵的敞开,才利于实现爱的心愿。也就是说,"专一"对于爱愿的实现,提供了最有利的条件,它具有实现爱愿的最大的可能性,所以受到人们的推崇。

史铁生的上述思想属于爱情哲学的范畴,或许有的读者觉得过于深奥了点,不太好理解。那么,如果你想更深入地了解史铁生关于爱情的思想,笔者建议你读读他的两部长篇——《务虚笔记》和《我的丁一之旅》,这里有关于爱情的精彩故事和精彩议论,在中国文化中,也许你还没有见过这样精彩的故事和议论,值得一看。

(三) 跟着感觉走,还是跟着理念走

为了避免空对空,这里还拿安娜的具体例子说事。

安娜与其丈夫卡列宁的矛盾冲突,主要原因,我以为不是阶级冲突(所谓一个代表新兴的资产阶级,一个代表腐朽顽固的贵族阶级),而是因为他们的性格不同,活法不同:安娜,一切听命于自己的情感,跟着感觉走,是一种感性化的活法;卡列宁,一切听命于理念,跟着理念走,是一种理性化的活法。

安娜在书中第一次亮相是在莫斯科火车站。她的美貌、妩媚

四　爱情困境

的姿态所显示的风韵以及脸上现出的异常亲切温柔的表情，一下子吸引了伏伦斯基的注意，他转过身去看她，她也向他回过头来。"在这短促的一瞥中，伏伦斯基发现她脸上有一股被压抑着的生气，从她那双亮晶晶的眼睛和笑盈盈的樱唇中掠过，仿佛她身上洋溢着过剩的青春，不由自主地忽而从眼睛的闪光里，忽而从微笑中透露出来。她故意收起眼睛里的光辉，但它违反她的意志，又在她那隐隐约约的笑意中闪烁着。"（草婴译，《安娜·卡列尼娜》，上海译文出版社，1982）

这段描写突出了安娜身上压抑着的生命活力。这一点作者在以后的描写中不断加以强调，意在强化读者对安娜生命之美的印象，从而给人以暗示，这股生命力应该得到释放，就像花儿应该开放一样。

接着安娜出现在舞会上，她的单纯、自然、优雅、快乐而充满生气的风度引起了所有人的注意，人们感到她身上有着一种与众不同的魔鬼般媚人的东西，正是这股魔力紧紧抓住了伏伦斯基，同时她也被他的英俊多情所吸引，她隐隐感到自己的心中萌生了不该有的爱情。她的本意是要为嫂嫂的妹妹吉娣和伏伦斯基撮合，没想到他看上了她，而她也看上了他。这让她感到心慌意乱，她朦胧地意识到必须赶快逃避，第二天一早她便慌慌张张地离开了莫斯科。在火车上，安娜心中反复重温着舞会上的情景，她觉得一切都是美好的、愉快的，当想起伏伦斯基时她一会儿感到羞耻，一会儿感到温暖。下火车后，见到尾随而来的伏伦斯基，听到他明显表示爱意的话，她心情复杂："他对她说的话，正是她内心所渴望而她的理智所害怕的。她什么也没有回答，但他从她的脸上看出了内心的斗争。"

伏伦斯基的判断是准确的，此后，安娜的内心陷入了紧张激烈的矛盾冲突之中，冲突使她每时每刻都不得安宁。

回到彼得堡后，她意识到同他相爱的危险后果，因此她试图躲着他，尽量与他少见面。但是不见又感到怅然若失，魂不守舍，一见到他就立刻燃烧起生命的热情，他的追求成了她生活的全部乐趣。她嘴上说这事该结束了，否则心里将不会平静，但语气却显得很勉强，他一下子便听出这话不是出于她的内心。"安娜竭力想理智地说出应该说的话，但结果却把脉脉含情的目光停留在他身上"，"她嘴里这么说，她的眼神所表示的却完全是另一种意思"。当他们彼此占有了对方时，她一方面内心充满犯罪感，对自己厌恶而恐惧，一口一个请上帝饶恕；一面又忘情地沉醉于爱情的幸福中……

安娜当时所处的上流社会，外遇和风流韵事已成普遍的风习，人们（包括夫妻之间）对此习以为常，心照不宣，谁也不以为耻，反以不顾一切冒着生命危险把已婚妇女勾引到手为荣耀。安娜与这一套习俗绝缘。一开始，她的理性让她感到自己的外遇是不好的，于是总是不自觉地加以掩饰。但她又分明意识到了自己的掩饰，意识到掩饰的虚伪和自欺，因此常常不由自主地脸红。她试图压抑自己，但终于压抑不住，又不愿虚伪自欺，于是宁愿受丈夫和社会的谴责，也要公开自己的隐私。她对丈夫说："我爱他，我是他的情妇。我看见您就受不了，我怕您，我恨您……您高兴怎样对付我就怎样对付我吧。"在社会的强大压力下，她不愿屈服，她有支撑自己的精神力量："我是一个活人，我没有罪，上帝把我造成这样一个人，我需要恋爱，我需要生活。"

就这样，在她与他的关系发展的每一时刻，她的心都游移徘徊于感情与理智的张力场之中。而游移徘徊的结果，她总是听从于自己内心的真正呼唤，每一次她都让感情战胜理智，让感性冷落理性。也就是说，她始终是"跟着感觉走"，听从"心"的指引。安娜愿意服从生命意志的支配，她活在她的感性里。这里我把安娜的活法称为"感性化生存"。历来肯定安娜的人都说她真诚、率直、不虚伪、无自欺，指的就是她敢于听从内心的呼唤，敢于按照自己的本

四　爱情困境

真愿望生活。

当然,这样说并不是否定她精神结构中理性因素的存在。事实上,她的内心深处始终都回响着理性的声音,因为没有理性的声音就没有她内心的冲突,就形不成心灵的张力场。只是,理性的声音始终压不住生命意志的力量。安娜产后病重,神志昏迷,她感到自己快要死了,这是上帝对自己罪孽的惩罚,因而对自己的行为表示忏悔,希望得到宽恕,希望丈夫和情人握手言和。这时她的道德情感占了上风,但一俟病愈神志恢复正常,她仍然忍受不了无爱的婚姻生活,仍然要求离婚。离婚不成,她便干脆毅然决然离开家庭,勇敢投入情人怀抱,出国旅行去了。看来,即使是上帝,最终也抗不过安娜按本真愿望生存的内在力量。

与安娜的"跟着感觉走"相反,她的丈夫卡列宁活在强大的理性规范中。社会的、宗教的、伦理的道德规范已经潜移默化到他的精神结构中,深入到他的骨子里,成为他性格中不自觉的、无意识的心理因素。

例如,当安娜与伏伦斯基频繁接触,并且被卡列宁本人亲自发现之时,他并不觉得有什么异常和有失体统。因为,"卡列宁不是个好猜疑的人。猜疑,他认为是对妻子的侮辱,而对妻子是应该信任的。至于为什么应该信任,为什么应该完全相信他那位年轻的妻子会永远爱他,他没有问过自己;但他对她从没有不信任过,因为一向信任她,并且对自己说应该信任她。"在上述这段引文中,叙述人一再提到他对妻子的信任是他知道"应该"这样。"应该"一词意味着他对妻子的信任不是来自自己的感受而是来自于理念。卡列宁是虔诚的宗教徒,基督信仰要求对人应该信任而不应该胡乱猜疑,这是一个正人君子应该具有的基本品质。他的修养决定了他不认为安娜与伏伦斯基在公众场合亲密接触有什么不应该。但是,当"他发觉客厅里人人都认为他们的行为有些异常并有失体统时,这才觉得的确有些不成体统。他决定就这事同妻子谈一谈。"

卡列宁的上述表现，历来的评论都认为是他虚伪的证据，意思是他本人对安娜的不忠不在乎，而是在乎社会舆论，他要在公众面前装样子。我认为这种指责有失公正。因为叙述人明明白白地告诉读者卡列宁真的并不认为安娜与伏伦斯基的接触有什么异常或有失体统，而不是说他发现安娜不忠而装作不在乎。准确地说他对妻子的"问题"是"视而不见"——肉眼看见了而观念没看见。这只能说明他淳厚而迂腐，是一个按理念生活的人，而不能说明他虚伪。

卡列宁满头满脑都是观念、理念、理性、规范，是应该怎样不应该怎样，而从不会设身处地地从感情出发替别人替自己想一想。叙述人告诉读者："在思想感情上替别人设身处地着想，这对卡列宁来说是一种极不习惯的精神活动。他认为这种精神活动是一种有害的危险的胡思乱想。"如今，问题出来了，他才发现长久以来被堂皇的观念、理念所忽略了的人的思想感情，这才想到自己的妻子也是一个人，一个活生生的人："他第一次生动地想象着她的个人生活、她的思想、她的愿望。"然而，一旦想到她可以而且应该有她自己的独立生活时，他便害怕极了。他视人的思想感情为不可测的深渊，他害怕俯视。他习惯于在观念、理念层面上考虑问题，在这里，问题明晰而简单。关于怎样处置安娜的问题，他脑子里立刻蹦出来的是"良心""义务""责任""权利"："她的感情之类的问题是她的良心问题，同我不相干。我的义务是明确的。我是一家之长，我有义务指导她，因此对她也负有部分责任。我应当指出我所发觉的危险，警告她，甚至行使我的权利。我应当把我的意见向她说出来。"

说什么呢？他的头脑里还是像平时起草公文一样清楚地组织好了即将对安娜谈话的形式和顺序——"我应当说出下列几点：第一，说明舆论和面子的重要性；第二，说明结婚的宗教意义；第三，如有必要，指出儿子可能遭到的不幸；第四，指出她自己可能遭到

四　爱情困境

的不幸。"就这样,一件最复杂最具私密性质的夫妻间的感情问题,被卡列宁当作官场公事大而无当地处理了。他只会用"脑"而不会用"心",或者说他只有"脑"而没有"心",于是他失败了。

卡列宁的失败是必然的,因为他将公式套在了最不应该套的东西上。他不理解也不善于想到别人的情感,他只知道"道德""道德",这让谁能受得了?!安娜表示"我恨就恨他的道德",她说:"我明明知道他是一个不多见的正派人,我抵不上他的一个小指头,可我还是恨他。"

安娜的话让我想起一则有趣的小资料。续拍的电视连续剧《西游记》正在热播之时,央视一个谈话节目披露,有人在某地向年轻女性做过一个社会调查,内容是如果在唐僧师徒四人中选人生伴侣,你将选谁？回收的 98 份有效卷中,孙悟空 10 票,沙僧 14 票,猪八戒 74 票,唐僧为 0。这一结果颇耐人寻味。按说,四人中唐僧道德上最为纯洁、最为高尚和坚定,任何诱惑对他都不起作用。与之相反的是猪八戒,他好色贪财,好吃懒做,差不多浑身都是小毛病。然而人们偏偏喜欢猪八戒而不喜欢唐僧。人们对道德君子唐僧敬而远之,对浑身都是小毛病的猪八戒亲而近之。这正应了一句俗话:"男人不坏,女人不爱。"当然需要说明的是,这里的"坏"不是大坏如杀人、放火、强奸、抢劫之类,而是指一些人性的弱点、人容易犯的小毛病。这里充分透露了人性的一个小秘密:讨厌不近人情的道德而容忍人性的弱点。正如狄德罗在他的哲理小说《拉摩的侄儿》中对人性的剖析:"比起讨厌的德行来,恶习和他们琐屑的个人要求是更一致的,因为德行会从早到晚地向他们唠叨,给他们为难……人们歌颂德行,但人们却憎恨它,躲避它,它是冷冰冰的,而在这世界上人们必须使自己安乐舒适。并且,这样就必然会使我们脾气变坏;你晓得为什么我们常常看见虔诚的人这样冷酷,这样可厌和这样地难以亲近吗？因为他们勉强要实行一件违反天性的事。……德行令人肃然起敬；而尊敬是不愉快的。德行令人钦佩,而钦佩是无乐趣的。"这段精彩的人性分析可以向我们解释人们为什么不喜欢唐僧而喜欢猪八戒,也可以解释安娜为什么明明知道卡列宁是一个少有的好人而又那么讨厌他。

我认为卡列宁的失败不在于人格的卑鄙而在于他的性格,或者说在于他的活法。他被通行的观念、理念、规范所异化,成为被抽干了生命意志的木乃伊,正如安娜在激愤中所骂的,他是一架做官的机器,他不是人,他是块木头。被消解了生命激情的木乃伊偏偏遇上一个生命活力四处奔涌的情种,悲剧当然是注定的。

"跟着感觉走"和"跟着理念走"是两种相互对立的活法。感情和理智,感性和理性,是一个健全的心灵所必须具备的心理因素。人生在世,必须同时具备两种心智并且让它们相互谐调才会有理想的人生。偏执一端,必出毛病。安娜和卡列宁的活法,就分别处于两个极端上。冰炭、水火不能相容,于是悲剧就不可避免了。

我们设想,如果两人的性格都不那么极端——安娜性格中更多一点理性,卡列宁性格中再多一点感性,都向对方靠拢一些,那么或许悲剧就可以避免。但是,人的性格难道是可以设计的吗?有道是"江山易改,本性难移",性格一旦形成就很难改变,尤其是当他们对自己的性格弱点没有自觉意识的时候。从安娜的悲剧可知,夫妻之间的矛盾冲突,有许多未必是人品人格道德品质方面的冲突,而常常只是性格、活法方面的冲突。

讨论这一问题对我们的启发是:在爱情问题上一味跟着感觉走的人,要多一些理性意识——爱是非理性的,但绝对不能没有理性,所以要多听一听理性的规劝;而一味跟着理念走的人,要更多考虑一些感情因素,毕竟,爱情是"情",而不是理性的设计。

(四) 爱情应该执着,但不可以专制

安娜的悲剧,毋庸置疑,最根本的是她与陈腐虚伪的社会不相容,逼得她无路可走,终于走向毁灭。但事情似乎也并非如此简

四 爱情困境

单。换个角度观察,也有安娜个人的原因。这就是,她把爱情理解得过于简单,过于纯粹,爱得过于偏执,以至于走向爱的专制,窒息了爱的空间,亲手用自己的爱把自己的感情送上了绝路。

爱是安娜行为的动力源泉,也是她人生的全部目的和意义,更是她唯一的精神支撑。为爱,她义无反顾,牺牲了对于女性至关重要的一切,包括名誉、家庭、儿子。她的行动够大胆,够决绝。她做了一般平庸的人想做而不敢做的一切,因而人们一直称赞她为勇敢的女性。值得欣慰的是,她的爱情也得到了相应的回报——伏伦斯基对她的爱也是真诚的、强烈的、不顾一切的。

托尔斯泰笔下的伏伦斯基出身贵族,聪明、有钱,是一名宫廷武官,前程似锦,而且相貌端正英俊,性格沉着刚毅而又和蔼可亲,善于与人相处,在社交场合落落大方,雅致洒脱,是贵族姑娘理想的追求对象。安娜的出现一下子激起了他强烈的爱情,他立刻放弃原来喜欢的贵族姑娘而开始痴迷热烈地追求安娜。为了能留在彼得堡和安娜经常见面,他放弃了一个前程远大的职务。他的家人知道后,对他的草率表示不满,出来干涉他们的恋爱,他对此感到非常愤恨。他认为他同安娜的爱并非一时的冲动,也不是上流社会流行的风流韵事,而是严肃的、认真的。他把安娜看得比他的生命还要宝贵,并把和安娜的爱情看作他的全部幸福所在,如果没有这个,就根本谈不上幸福,甚至根本就活不成。所以他表示,用不着别人来教训我们该怎样生活,我们对自己的行为负责。"不管我们的命运怎样,将来又会变得怎样,这是我们自作自受,决不会埋怨谁。"

当他与安娜的恋情在社会上闹得满城风雨,人们开始用蜚短流长的方式伤害安娜时,他对安娜的爱更加坚定。他知道"她是一个正派女人,把爱情献给了他。他也爱她,因此在他看来,她应该获得与合法妻子同样的甚至更多的尊敬。要他用言语、用暗示去侮辱她,或者仅仅不向她表示一个女人应得的尊敬,那是宁可砍掉自己的手也不干的。"为了把安娜带出尴尬的境地,使她少受一些伤害,他情愿牺牲他本来很看重的功名而毅然退伍。后来,为了安娜,为了他们的幸福,他又把安娜带出国外,带到乡下。

我们叙述这些是为了证明《安娜·卡列尼娜》文本中的伏伦斯基对安娜的爱情是真诚投入、认真负责的。过去的文学史著作及有关评论中常常把他说成是花花公子,风流成性,他对安娜的爱只是猎艳,为了虚荣,他不理解安娜,对安娜不负责任,始乱终弃。这似乎是要说明,安娜不幸遇上了一个品行低劣的浮浪子弟,如果遇上一个品行高尚肯负责任的好人,就不会有这场悲剧。我认为这种观点首先是没有根据的,因为它与作者的艺术描写完全不相符;其次是肤浅的,因为它把极为深刻的社会、人生问题道德化(仅仅归结为个人品质),把复杂问题简单化了。

安娜与伏伦斯基的爱情,虽然双方都是认真的、投入的,双方都愿意为对方牺牲自己的一切,然而毕竟最后还是出现了极为严重的隔阂和冲突,以至于安娜竟然以自杀的方式相报复,演出了一幕惨烈的人间悲剧。发生如此大的转折,就他们二人来说,都有责任,而安娜负有更大的责任。

导致这一转折的原因,首先来自社会的压力。整个社会拒绝他们,尤其拒绝安娜。为了使他们的关系正常化,安娜必须离婚。而安娜最初由于高傲不想向丈夫主动提出离婚,继而是提出要求后遭到冷酷的拒绝(卡列宁要借此报复她、惩罚她)。这就把安娜及她与伏伦斯基的关系置于死地,没有任何解决的办法。由于不能离婚,安娜与伏伦斯基的女儿在法律上属于卡列宁,而且他们所生的任何一个子女都不能继承伏伦斯基的财产。这让伏伦斯基非常苦恼,让安娜焦躁万分。安娜失去了一切,只剩下唯一的精神支柱——伏伦斯基的爱情。伏伦斯基也明白这一点。他对陶丽说,安娜处的困难谁也没有他体会得深,是他造成她这样的处境,他愿意用自己的爱情给安娜以慰藉。但长期的艰难处境让他们彼此

四 爱情困境

都忍受不了,逐渐失去了耐心。尤其是安娜,总想把伏伦斯基留在身边,不让他离开一步,否则就起疑心,怀疑他对自己不忠,爱上了别的女人。伏伦斯基外出参加地方选举几天,安娜就忍受不了,写信说谎骗他早点回来。伏伦斯基感到安娜的爱情像一张密密实实的网,把他罩得死死的,让他失去了人身自由和心灵自由。于是他们开始为一些琐屑小事不停地争吵,为对方说话的语气之类而闹意气。本来是一句话可以化解的矛盾,因为赌气谁也不让谁。伏伦斯基每次外出他们都要争吵,弄得双方长久不愉快。伏伦斯基想,我什么都可以为她牺牲,就是不能牺牲我男子汉的独立性。他感到了爱情的沉重与可怕,开始害怕爱情。当安娜以"爱情"的名义指责他时,他心里痛苦地叫道:"天哪,又是爱情!"事情到了这一步,爱情就走向了它相反的方向。他们的关系生于爱情又毁于爱情,是爱把爱送上了绝境。

这样说并不意味着他们之间已经没有了爱情。事实是,即使他们彼此争吵,在互相伤害得最厉害的时候,他们也仍然互相深深地爱着对方。安娜正是太在乎伏伦斯基,所以才疑神疑鬼,对他苛刻;而伏伦斯基也特别在乎安娜,安娜死后他精神崩溃,行为失常,六个礼拜跟谁也不说一句话,一心想的是自杀。但是,这时候愈爱愈恨,愈爱愈吵,直至互相不能容忍,安娜走向绝路。

正是爱把爱给毁了,这一惨痛的事实让人叹息和思考。它让我们想到,在相爱的情侣中,仅仅有爱是不够的,还需要理解和宽容。无论多亲密热烈的爱情关系,也会有矛盾和冲突,有了矛盾和冲突,就需要用理解和宽容来化解。爱一个人,就意味着心灵相通,就必须时时刻刻站在对方立场上设身处地为对方着想。千万不能以自我为中心,让别人都围绕自己转,总是埋怨别人不理解自己,不为自己着想。有了隔阂要及时沟通,不可逞强使性,否则往往把小事闹成大事,最后导致意想不到的结果。爱情固然属于非理性的范畴,但又绝对不能排斥理性。完全没有理性制约的情感是疯狂的情感,很少有不走向悲剧的。

其次,爱需要执着但不可偏执,偏执就会走向专制,就会让双方失去自由。关于这一意思,我国当代作家史铁生说过一段值得所有恋人思考的话。他说心识加执着,可能产生的最大祸患就是专制。"恶的心识自不必说,便是善的执着也可能如此。比如爱,'爱你没商量'就很可能把别人爱得痛苦不堪,从而侵扰了他人的自由和权利。但这显然不意味着应该取消爱,或者可爱可不爱。失却热情(执着)的爱也早就不是爱了。没有理性(心识)的爱呢,则很可能只是情绪的泛滥。"(史铁生,《好运设计》,第314页,春风文艺出版社,1995)这意思是说,爱以自由为基础,相爱的双方要理解并尊重对方的自由——身心的自由,切不可以"爱"的名义剥夺对方的自由。

最后,他们的恋爱是一种激情,但激情是一种非理性非正常的状态,因而这种状态不可能长久持续。要求恋人永远像激情状态下那样示爱,是不现实的。因为相对来说,毕竟激情状态是短暂的,而生活却是长远的、日常的。

当然,这些道理都是过于理性过于冷静的,而安娜是一个"跟着感觉走",过于感性化、情绪化的人,她绝不会去想那么多。正是这样的一个人,又偏偏处于一种无法走出的绝境中,而且自尊心又特别强,以至于强到精神过分敏感其实是过分脆弱的地步,所以安娜的种种不理智也应该是可以理解的。但不管怎么说,她的不理智给她带来了极大的灾难,让她本来就很糟糕的生存处境变得更加糟糕,以致走向死亡。这一结局太震撼人心,太让人惋惜让人不能接受了。这里的教训是值得我们认真思考、认真汲取的。

五　认识困境

——人类永恒面对的不是可知而是不可知

（一）人类永远不能穷尽对存在奥秘的认识

认识困境是从史铁生的相关论述中提炼出来的。史铁生思考问题有着宏大的视野，他把整个宇宙——世界作为他的认识对象。这一对象在他笔下常常有不同的称谓——

有时他把它命名为"天界"：为灵魂寻找归宿的大师"只有永远看到更深的困苦，他才总能比别人创造得更为精彩；他来不及想当大师，恶浪一直在他脑际咆哮，他才最终求助于审美的力量，在艺术中实现人生。……有一天人们说他是大师了，他必争辩说我不是，这绝不是人界的谦恭，这仍是置身天界的困惑——他所见出的人的困境比他能解决的问题多得多"。（二，414）

有时他把它命名为"宇宙大结构"："你以宇宙大结构之一点的形式参与着所谓存在这一优美舞蹈，你就会感动并感恩于一头小鹿的出生、一棵野草的勃勃生气、一头母狼的呼号……"（二，421）

有时他把它命名为"自然之神"：真正获得悟性的人最终猜透了斯芬克斯的谜语，"在宇宙的大交响乐中隐形不见，只顾贪婪地吹响着他们的小号或拉着大提琴，高昂也是美，哀伤也是美，在自然之神

的指挥下他们挥汗如雨,如醉如痴直至葬身其中。"(二,424)

有时他把它命名为"一切存在之全":"真正的朴素大约是:在历尽现世苦难、阅尽人间沧桑、看清人的局限、领会了'一切存在之全'的含义之时,痴心不改,仍以真诚驾驶着热情,又以泰然超越了焦虑而呈现的心态。"(二,431)

有时他把它命名为"苍天":"有一种婚礼是在教堂中进行,且不论此教如何,也不论这在后来可能仅是习俗,但就其最初动机而言,它是这样一种象征:面对苍天(即无穷的未知、无常的命运),两个灵魂决心携手前行,不是为了别的而是为了爱情,这种无以解释无以掌握的愿望只有神能懂得,他们既祈神的保佑也发誓不怕神的考验。"(二,439)

有时他把它命名为"神秘未知事物"或"生命存在的大背景":关于现代物理学及东方神秘主义及特异功能,"我斗胆言及它们,纯属一个文学爱好者出于对神秘未知事物的兴趣,因为那是生命存在的大背景。"(二,442)

有时他把它命名为"神":绿色和平组织主张维护自然界的生态平衡,一定是在一个更大的系统中看到了人的位置与处境,超越了阶级、民族等政治视点。"当我们能超越这一视点,如神一样地俯察这整个的人类之时,我们就把系统扩大了一维,我们看到人类整体面对着共同的困境。"(二,445)

有时他把它命名为"神秘的大自然""本真生存""大化"等,而与上述命名同义,在作品中出现频率又最高的词汇是:上帝。

总之,不管用什么命名去表述,都可以看出史铁生的视点既不在物界也不在人界,而是在"天界",在"神界",在一切事物一切现象的最深最远处,或者说在一切存在的终极处。因此,我们可以说,终极域,是史铁生作品的基本视点。

在古今中外其他作家那里当然也有从终极视点看问题的时候,但都没有像史铁生那样对终极视点如此迷恋与执着。细读史铁生作品，常常使人感到进入"写作之夜"的他似乎已不是世间的人，而是天界的"神"：他的思维，他的心魂已悄然隐入大化，在终极处静观默察天上人间，玄思宇宙之神秘，冥想人生之奥妙。

把宇宙——世界作为认识对象，从宇宙——世界角度观察问题，于是他看到了宇宙——世界的神秘，看到宇宙——世界中更多的不可知。在神秘的宇宙——世界面前，人们对它的认识还十分有限。正如古人所发现的，已知和未知是一个同心圆，人类对世界认识得越多，结果发现尚未认识的也越多，无论人类怎么努力都不能穷尽对它的认识。相对于人类已经认识到的来说，它永远是无限。被认识了一点的无限和被认识了许多的无限，都还是无限。这就是说，人类对客观世界的认识和发现永无终结，我们的智力永远不能穷尽对存在奥秘的认识。所以史铁生说："人类永恒面对的不是可知而是不可知。可知是少部分，不可知是永远存在的环境，是种困境。"（史铁生，载于《中华读书报》，1995年12月30日）

（二）人类为什么会陷入认识困境？

人类之所以会陷入认识困境，在史铁生看来，原因大致有主客体两方面。

从客体方面说，人类所面对的认识客体——宇宙、世界、人生——是绝对的、无穷无尽、无始无终的，而认识主体——人类——的认识能力却是有限的。有限永远不能穷尽无限（穷尽了就不是无限了），所以人类永远摆脱不了认识方面的困境。史铁生对此有清醒的认识。在精神自传性小说《山顶上的传说》中，他借笔下人物说，人要想完全掌握自己的命运，除非把宇宙中的一切事物的规律都认识完。可人的认识能力总是有限的，而宇宙中的事物却是无限，有限怎么可能把无限认识完呢？后来他在散文《记忆迷宫》中明确地说，人类对存在的发现永无终结，因为，"比如说我们的智力永远不能穷尽存在的神秘，比如说存在是一个无穷的运动我们永远都不能走到终点,比如说我们永远都在朝圣的途中但永远都不能走到神的位置。也就是说,我们对终极的发问,并不能赢得终极的解答和解决。"(三,329)

从主体方面说,人(无论是个体还是群体)的认识永远是站在自我立场上从自我出发的认识,因而永远也难以逃脱"自我"的限制。

人的"自我"限制是多方面的。

首先是认识能力的限制。人类对客观世界的认识能力是随着实践的发展而发展,随着科学水平的不断提高而提高的。在每一个特定的时空范围内,人类对世界的认识都必然会受到当时认识能力的限制。以物理世界来说,在伽利略时代,人们以为世界就是伽利略所认识的那个样子;在牛顿时代,人们以为世界就是牛顿所认识的那个样子;在爱因斯坦时代,人们以为世界就是爱因斯坦所认识的那个样子。那么世界到底是什么样子呢?100年后,1000年后,10000年后人们认识到的世界又是什么样子呢?可以肯定的是,未来的人们对世界的认识肯定越来越全面越来越深刻,但是,相对于宇宙的无限来说,人类的认识能力永远是有限的,能力的限制永远存在,所以"困境"永在。已知永远是手电筒照亮的眼前的一小片,而未知如手电筒的亮光之外,永远是无边的黑暗。

其次是认识主体自身结构的限制。史铁生在一篇散文中写道,有一次他生病高烧到摄氏40.3度,这时他看到周围的一切景物都蒙上了一层沉暗的绿色。几天后烧退了,那层暗绿色也随之消失。这现象使他想到,假如世界上有一种动物的正常体温就是摄氏40.3度,那么它所相信的真实世界不就是暗绿色的吗?这是一种猜测,站在人的位置永远无法证实的猜测。即便是那种动物可以说话,它也不能向我们证实这一猜测是对还是错,因为那动物不认为发绿的世界有什么不正常,因为它不可能知道我们所谓的正常到底是什么状态,因为它跟我们一样,无法把它和我们的两种

五　认识困境

世界做一番比较。再如,如果没有正常人的感觉为参照,那么色盲者肯定认为世界上的色彩本来就比现在要少。我们认为色盲不正常,是病态,因为他们和多数人不一样。但真理是以"多数"和"少数"来判断的吗?为什么不能多数人是错的呢?总之世界到底是什么样,谁也说不清。顺着这一思路想下去,人类眼睛的生理结构决定了人类对世界的认识结果,那么如果用鹰、用猫、用狗,用其他任何一类动物的眼睛看世界呢?认识到的结果也肯定不同。但到底怎么不同呢?这是人类永远不得而知的。也许有一天人类运用最新的科学仪器发现了鹰或其他动物对世界(如色彩)的观察结果,但这种发现也仍然是人的发现,仍然受着人类自身的限制。这就是说,认识主体对认识对象的发现与主体自身的构造有关,人们永远也不能摆脱自身结构的限制。正如史铁生所说:"被眼睛所蒙蔽的眼睛,总也看不出眼睛对眼睛的蒙蔽。"(三,242)

主体自身的结构也可以做广义的理解,即还可以理解为人的思想观念、理论方法、知识背景、心理结构等,这些都是人们观察、理解问题的"视网膜"或"滤色镜",这些因素不同,理解问题的结果也会不同。

最后是认识角度——视角——的限制。史铁生的小说《第一人称》揭示的就是这种限制。小说写"我"到郊区去看分到的一套房,进院门看见一位姑娘坐在树荫里,"我"问她这是不是我要找的那座楼,她喃喃说"顺其自然"。"我"爬上三楼,见她还在那里,我感到她神情悠然宁静,令人羡慕。"我"爬到五楼,看到她还坐在那里,但又看到院墙外有一个来回走动焦躁不安的男子。怎么回事?啊,明白了:他们是一对相爱又不得不痛苦分手的恋人。看来,那姑娘不是悠然恬淡,而是神思恍惚,要躲开他清静一会儿。"我"爬到七楼,看见一片树林,树林里隐着一片墓地。那么那姑娘和那男的是怎么回事呢?啊,原来是这样:女人一身素装看来是来祭奠深爱着的人,他死了,她接受不了。男的和她一块来,劝她忘了过去今后他们在一起。那女的说你让我一个人待一会儿,于是来到院里,那男的不知所措,烦躁不安。到第九层,"我"又看到树林里有两条交叉的路,一条路端有一个公共汽车站牌,那男的在专注地张望。啊,明白了,原来是这样:那男的在焦急地盼望约会的情人,女的跟来盯梢,不便露面因而躲在院子里。她痛苦不堪,失神地自语"顺其自然"。到二十一层,"我"又发现树林里有一个婴儿。这是谁家的孩子,怎么放在这里?啊,明白了,原来是这样:这是一对未婚男女要抛弃私生子,男的焦躁地在观望谁来抱走孩子,女的不忍心看这一幕才躲到院子里。"顺其自然"是指孩子的命运。"我"不放心,跑下楼去想说服他们把孩子抱回去,结果发现,他们两人并不认识,毫无关系。

  故事不奇不怪,平实自然,好像叙述人在讲自己的亲身经历,但却别有深度——它揭示了"认识"的许多秘密:其一,同一现象,又都是亲眼所见,然而从不同角度(层次)来看,却可以做出完全不同的理解。不是说,耳听为虚眼见为实么?看来即使"眼见"也未必"为实",你看到的可能只是现象。事实的"实"(本质)永远隐藏在"事"(现象)的后面,你不要太相信太执着于自己的"眼睛"。其二,有趣的是,"我"对同一现象所做的种种理解,都顺理成章,自圆其说,因此都使"我"很自信:"啊,明白了,原来是这样。"然而"原来"到底是不是这样呢?未必!看来,人很容易相信自己,然而自己也是靠不住的。换句话说,人不仅容易受客观世界的"骗",也很容易受自己的"骗"。其三,要想认识事物的真相,必须不断变换角度,穷尽各个层次,争取看"全"。假如在某一角度某一层次上停下来,得到的可能只是一个片面的、虚假的认识。其四,即使尽了最大努力,即最全面的观察,也未必能洞悉对象的全部秘密,对象总要保留一些不可知的成分。如"我"终于弄明白那一男一女毫无关系,但那个孩子呢?他哪里去了?不是留下许多"也许"吗?!其五,归根到底,"角度"制约着人们对事物的认识,每个人对事物的观察和认识，都不可避免地是从"自我"这一角度出发，不可避免地受到"自我"角度的局限。正如小说创作中选择第一人称的叙事视角一样，叙述人只能叙述他所看到所听到所想到的，他只能叙述他所了解的世界，而在他的视野之外必然留下很大的盲区。所以史铁生把他的这篇小说命名为《第一人称》。

（三）怎样面对困境？

面对困境，人类应该怎么办？无所作为地等着被困境困死？当然不是。史铁生说："命运永远会给人以困境，这应该是试图超越的。"（史铁生，《中华读书报》，1995年12月20日）超越困境，他有时又称之为"突围"。凭什么突围呢？人类想出了许多途径和办法，如哲学和科学。哲学依靠着智力，梦寐以求地想把人的终极问题弄清楚，以期根除灵魂的迷茫。但上帝设下的谜语看来只是为了让人去猜，并不想让人猜破。他给予人类的智力与他给予人类的谜语太不成比例，之间有着绝对的距离。这样，哲学越深入发展固然猜到的东西越多，但每一个谜底都有十个谜面，又何以能够猜尽？期望着豁然开朗，结果却走不出云遮雾障。哲学之外，人类又有了科学，用科学去探索去穷究宇宙自然之秘密，但同哲学的命运一样，得到的"已知"越多，发现的"未知"也越多。这就是说，哲学和科学都"突"不出认识困境之"围"。事实上这个"围"是永远也"突"不出去的，能"突"出去的就不叫困境了。"那个围是围定了的，活着即在此围中。"（三，339）

这不让人感到绝望吗？！但人类始终没有绝望，面对永无穷尽的未知，人类依然倔强不屈地奋然前行，依然义无反顾地摸索前进。这靠的是什么？是信仰，是信心，是意志，总之是精神，史铁生把这种精神称之为"宗教精神"。他说："在科学的迷茫之处，在命运的混沌之点，人唯有乞灵于自己的精神。不管我们信仰什么，都是我们自己的精神的描述和引导。""我想，因为智力的有限性和世界的无限性这样一个大背景无以逃遁,无论科学还是哲学每时每刻都处在极限和迷途之中,因而每时每刻它们都在进入神话,借一种不需实证的信念继续往前走……人类在绝境或迷途上,爱而悲,悲而爱,互相牵着手在眼见无路的地方为了活而舍死地朝前走,这便是佛及一切神灵的诞生,这便是宗教精神的引出。"(三,338)

"宗教精神"这一概念,在我国很容易引起误解。人们往往容易把它与一般的宗教混为一谈,认为是迷信。其实二者绝对不是一回事。对此史铁生做过多次解释。他说,宗教,是人们在"不知"时对不相干事物的盲目崇拜,这才是通常意义上的迷信;而宗教精神,则是人们在"知不知"时依然葆有的坚定信念,是人类大军落入重围时宁愿赴死而求也不甘惧退而失的壮烈理想,是知生之困境而对生之价值最深刻的领悟。如果硬要说宗教精神是一种迷信的话,"但这是很好的迷信,必要的迷信,它不是出自科学论证的鼓舞,而是出于生存欲望的逼迫。这就是常说的信心吧。"(三,338)

总之,在史铁生这里,一方面对人类认识困境的永恒性有着极清醒的认识,一方面对人类超越困境的精神力量又有着足够的信心。在他那里,有对困境的深刻体验和领悟,有过迷惘和困惑,但从没有过绝望和沮丧。勘破了人的生存困境之真相后,他一向高扬的是人类顽强不屈的进取精神。有人说他大彻大悟后皈依了佛道,这实在是对他的最大误解。他说,我不知道什么是大彻大悟,我只知道逃避生之事实是徒劳的,而放弃生之热情更是荒唐。他欣赏的是西绪福斯式的欢乐,他以为在困境中唯有西绪福斯式的欢乐是最好的救赎之路,即知困境不可摆脱而坦然无畏地接受它,以永恒不懈的努力与之相周旋,并在这一过程中获得骄傲和欢乐。他认为这才是成熟的人应有的智慧,所以他说,看透了生活的本来面目然后爱它是一种明智之举。综观史铁生的所有作品,他始终高扬着一种勇往直前的奋斗精神,在这里我们看到了人的渺小,也看到了人的伟大,看到了人的悲壮,也看到了人的崇高。

六　人际困境
——人类渴望沟通而又无法彻底沟通

（一）人生来活在无数他人中间无法与他人彻底沟通

人际困境是史铁生提出来的三个困境之一。他的原话是："人生来注定只能是自己，人生来注定是活在无数他人中间无法与他人彻底沟通。这意味着孤独。"

读史铁生作品，常常感到他对人际关系极为敏感，他希望人与人之间能心灵相通，友善相处。然而不幸的是，他从实际生活所观察所感受所发现的却是人与人之间的疏离和隔膜。他的这一发现在作品中多有表现。

最早在作品中讨论这一问题，始于短篇小说《绿色的梦》（1981）。作品写一个纯真、友善、童心未泯的女性在夜里做了一个梦，梦见自己又回到了天真无邪的童年，和小伙伴手拉手走在晨光曦微、空气新鲜的树林里，到处是清新明快的嫩绿色，一起唱着欢快的歌，愿意把自己的一切都送给别人。她早上醒来特别高兴，看见天特别清澈，看见白云特别自在，看见谁都想打招呼，她愿和所有的人都谈谈心，但回家看到的却是丈夫猜疑、防范、敌视和憎恨的脸。她痛苦地在心中问道:"难道人们必须得这样么?难道人们的心灵真的不能相通么?"

在《山顶上的传说》(见《史铁生作品集》第一卷)中写一个倔强而自尊的残疾青年,渴望得到别人的理解和尊重,可是与愿望相反,他得到的却是四面八方压过来的歧视和偏见。他与一个姑娘真诚相爱了,姑娘的父母却因他的残疾而不同意;周围的人认为他没资格去爱,爱了就是在破坏姑娘的幸福,就是居心不良,他要是真爱她就应该主动离开她;他正与相爱的姑娘沉醉于约会的甜蜜中,有人突然闯进去而毫无歉意,因为来人认为他们不是在恋爱,他们不可能是恋爱关系;他想写作,人们因他是残疾而愿意降格发表他的作品,又以同样原因而谅解他——这些人都没恶意,都不觉得这是在歧视一个人。然而正是这样的不自觉才显出歧视的深入骨髓。他"清晰地感到,所有的人,所有的好人,在心底都对伤残人有一种根深蒂固的偏见或鄙视",他意识到:"歧视也是战争。不平等是对心灵的屠杀!"他经常做噩梦,梦见一道有机玻璃的高墙,他和她站在墙两边,互相看得见,却摸不着,也听不见声音;梦见"四周是高高的楼房,每个窗口里都伸出来一个脑袋,每一张脸上都带着嘲笑";梦见"欢乐的人群像是一道圆形高墙,像是一座古罗马的竞技场,把他围在了中间。他没处逃,也没处藏"。在这里,我们看到了他对人与人之间的隔膜,有着极为痛楚、几乎可以说是刻骨铭心的体验。作品中的"他"当然不等于作者本人,但"他"的心灵痛苦无疑也正是作者所曾经历过的,因此人们常把《山顶上的传说》视为作者的"精神自传"。

如果说残疾青年的体验还带有个人特点、个人性质的话,那么当史铁生走出个人走向别人,走向一切人的心灵生活的时候,他发现人与人的隔膜不是个别现象、偶然现象,而是普遍现象、经常现象。

他的这一发现在小说《礼拜日》(见《史铁生作品集》第二卷)中

六　人际困境

有所表现。小说写一对夫妻,双方都是好人,都深爱着对方都想为对方好,而且渴望相互理解,想把对方"读懂",然而读了许多年却还是没读懂,终于离异。这对夫妻各自的朋友,在调解他们关系的过程中相互认识了,由相识到相知、相爱。两人在一起讨论造成朋友悲剧的原因,为了避免同样悲剧的发生,他们共同追求一种相互之间彻底理解、彻底沟通的境界。他们对生存于其中的世界有一种共同的感受:天底下能够互相彻底理解的人实在是太少了,生活中的人都戴着一个假面具。在父母那儿是一种,在朋友那儿又换上一种;在男人那儿是一种,在女人那儿又是一种。大家都把自己包裹上一层东西再见人,谁也不敢说真心话,也就是说生活中的每个人都在装,装得浑身酸疼,装得就像根本没有装,装得像是根本不会装,装得像是最讨厌装的人,疲惫不堪地维护着什么"尊严"。人活得像囚犯又像看守,囚犯没自由,看守更没自由……于是他们渴望赤裸相见,毫无禁忌,无话不说,渴望彻底的理解,彻底的自由。

　　类似的描写在他的作品中经常出现,后来他干脆把这一意思化为一部中篇小说——《关于一部以电影为舞台背景的戏剧之设想》(史铁生,小说集《往事》,中国青年出版社,2001)。前言部分引了主人公(渴望真实、渴望自由的人)临死前写下的几句话:

　　　　"——每个人都是孤零零地在舞台上演戏,周围的人群却全是电影——你能看见他,听见他们,甚至偶尔跟他们交谈,但是你不能贴近他们,不能真切地触摸他们。"

　　在这里,史铁生把人与人之间的隔膜感和疏离感表现得淋漓尽致。史铁生把这种感觉加以抽象,上升为一种人的根本困境——人际困境。用他的语言表述即:"人生来注定只能是自己,这意味着孤独。"(二,431~432)

(二) 人际困境历来是小说家感兴趣的话题之一

小说家们都是感觉敏锐、感情细腻、对人际关系特别感兴趣的人,因而讨论人际关系便成为古今中外小说的一个共同主题。对此,复旦大学邵毅平教授曾在他的《小说:洞达人性的智慧》(复旦大学出版社,2008)一书中列专章加以讨论,题目是《人际的宿命》。其中列出了世界上最亲近的人之间的"宿命"。这里所谓的"人际宿命"与本书的"人际困境"主旨一致,对于本论题来说是难得的好材料。下面简要向读者介绍。

1. 父母的悲哀

在中国人所重视的各种人伦关系中,亲子关系无疑是最为重要的一种。中国人极为重视子嗣,在他们身上寄托了三大重任:"世间子嗣一节,是人生第一桩大事:祖宗血食要他绵,自己终身要他养,一生挣来的家业要他承守。"也许没有什么民族是不重视子嗣的,但是像中国人这样重视的却很少见。

一面是对于子嗣的极度重视,另一面却是对于子嗣的强烈失望,这种看起来不可思议的对立,却并存于中国人的心目之中。《红楼梦》里著名的《好了歌》唱道:"世人都晓神仙好,只有儿孙忘不了! 痴心父母古来多,孝顺儿孙谁见了?"小说家也曾经失望地指出:"至于生子生孙,就是下一辈事,十分周全不得。常言道得好:'儿孙自有儿孙福,莫与儿孙作马牛。'"(《警世通言》,第二卷,《庄子休鼓盆成大道》,岳麓书社,1994)这两句"常言"不知起于何时,却无疑是被用得最多的"常言"之一。这表明了这样一个事实,即对于子嗣的失望,与对于子嗣的重视一样,乃是一种普遍存在的心理。

在中国古代的小说中,经常可以看到对于子嗣感到失望的主题。正如其标题便已显示出来的那样,《儿孙弃骸骨僮仆奔丧》讲

六　人际困境

述了一个颠倒的故事：在一个商人病重垂危之际，他的子孙只顾抢夺遗产，相反倒是童仆为他安排了后事。这是古今东西的文学中屡见不鲜的主题，它表明了在一个金钱世界里，子嗣对于金钱的兴趣往往要高于对父母的感情。这当然是人们对于子嗣感到失望的一个重要原因。

然而，如果把父母对于子嗣的失望之感仅仅理解为经济利害的冲突，则还是没能完全说明出这种失望的深度。在亲子关系中，无疑存在着两个非常不同而又互相联系的侧面。亲子关系是以血缘为纽带的，正如人们常说的，"血浓于水"，在人们的心目中，这种关系应是最亲密的；但是与此同时，即使是以血缘为纽带的亲子关系，也一如其他人际关系那样，其间横亘着一条人际的鸿沟，使得父母与子嗣成为各自独立的个人。父母对于子嗣的重视，往往是出于血缘纽带的联结；而父母对于子嗣的失望，则恰恰是来源于人际鸿沟的隔绝。父母越是对于血缘纽带信之过深，便越是会对人际鸿沟失望加甚。

进一步说，由于父母经历了养育子嗣的全部过程，子嗣却对于自己人生的最早同时也是最重要的阶段一无所知，所以血缘纽带在父母的心目中也许要比在子嗣心目中强韧得多。这种不对等的感情关系，也是促成父母对于子嗣易感失望的一个重要原因。在亲子关系中常见的那种一边倒式的不平衡，也就是父母对子嗣一往情深，而子嗣对父母却未必如此的情形，便正是这种不对等的感情关系的表现之一。这种状况现代人总结为：爱，总是往下行的。父母对子嗣的爱，往往是无条件、无保留的，甚至过分到溺爱；而子嗣对父母的爱，总是多多少少有些不情不愿，更多的不是发自肺腑的感情，而是来源于理性的要求。理性的要求就多少有那么几分勉强。

由于至少是以上两种因素的作用，父母对于子嗣的失望，几乎是亲子关系中一种必然的现象。从上述小说中的那种极端的失望,到一般人潜伏在心底的隐隐的失望,其实都起源于同样的原因,从而构成了同一链条上的不同环节。

有时笔者瞎想,子女和父母,从血缘链条上讲,上下两代,远近一样;而且,从现实角度讲,每个人都享受了父母的爱,但是,子女的爱,却还远没到来。按常理讲,人们应该给父母的爱更多,至少是与父母给予子女的爱相等。但是,事实却与"常理"相反。看来,"理性"——"理"不能解释上述现象,也就是说,人类对于子女的爱是自然性的,本能性的,生物性的,非理性的。这或许是神秘的大自然的一种奥秘:子女幼小无生存能力,如果没有父母本能性的爱便活不下去,久而久之,是要灭种的。所以,为了让"物种"能够延续,每个人生下来就被赋予了对子女的本能之爱——不是子女向你要爱,而是你心中有爱必须释放出去,这个释放的对象就是你的子女。释放了你就快乐,就幸福;否则就难受,就痛苦。从这个意义上说,是孩子给了父母快乐和幸福。这是由亿万年的生物进化史所形成的,并内化到人的心理结构中,植于 DNA 中成为本能。这样猜想庶几可以解释"爱往下行",爱不平等的现象。

2. 子女的悲哀

得不到希望中子女的爱的回报,这构成了父母的悲哀;而对于子女的爱的分配不公,则构成了子女的悲哀。

爱的分配不公,与可供分配的爱的总量没有必然的联系。如果父母爱一个孩子十分,而爱另一孩子九分,则在那个只得到九分爱的孩子看来,他便成了世界上最不幸的人,因为他总是只注意那没有得到的一分爱,而不注意那已经得到的九分爱;如果他们都得到了九分爱,则他们都会觉得自己很幸福,从而也就毫无不平之意了。"不患寡而患不均"(《论语·季氏第十六篇》)的社会心理,在这里也是完全起作用的。分配不公的爱,使本来有的爱也失去了意义与价值。

六　人际困境

而且和一般的社会财富的分配不公不同，父母之爱的分配不公所引起的子女的悲哀，几乎是一种无可解脱的悲哀。在社会财富分配不公时，人们可以通过改变这个社会，或者通过改变自己个人，来解脱自己的悲哀；但是当父母之爱分配不公时，子女却无法通过撤换他们的父母，或者通过改变自己个人，来解脱自己的悲哀。这是因为与社会的关系是契约的，而子女与父母的关系却是宿命的。即使父母之爱分配不公，子女也无法与父母完全决裂，却只能寄希望于父母的回心转意。可这有时候几乎是一种近乎绝望的希望，一种近乎徒劳的努力。

正如社会财富的分配不公会引起社会的动乱一样，父母之爱的分配不公也常会引起家庭内部的战争。那些受到忽视的子女，常会因为嫉妒、仇恨乃至绝望，而变得暴躁、好斗甚至残忍起来。幸福使人高尚，而不幸使人堕落，事情几乎总是如此。然而不幸的是，暴躁、好斗乃至残忍的结果，几乎总是不能使得父母回心转意，反而会把他们推得更远；而这样就会引起更严重的暴躁、好斗乃至残忍。于是这样恶性循环的结果，便常常会引起极为严重的后果。

父母之爱的分配不公所引起的，常常不仅是受到忽视的子女一方的悲剧，而且也是整个家庭的悲剧，尤其是受到偏爱的子女一方的悲剧。因为父母的偏爱，使他们成为仇恨的对象，从而害了他们。如果做父母的能够明白这些道理，也许可以减少此类悲剧的发生。但是父母也是人，是人就有人性的弱点，就难免受到感情的支配，从而子女的悲哀自出生起就已存在，家庭的战争也就不可避免。

3. 夫妇的悲哀

夫妇的悲哀包括"男人的悲哀"和"女人的悲哀"。所谓"男人的悲哀"，大致是这样一种心理，即男人希望妻子对于自己的爱情能够在自己死后也继续维持下去，但是他们绝望地发觉这几乎是不可能的,于是感到无可奈何的悲哀,并怀疑起现世妻子对于自己的爱情。《红楼梦》中《好了歌》中表明的就是这种失望:"世人都晓神仙好,唯有娇妻忘不了!君生日日说恩情,君死又随人去了!"

毋庸讳言,在"男人的悲哀"中,无疑也夹杂有男性中心的偏见。但是剔除了这种偏见以后,"男人的悲哀"其实还是存在的,而且似乎更加深了一些。

这是因为在某种意义上,"男人的悲哀"乃是性爱关系发展的产物。在较早的时候,人们更重视血缘关系而不是性爱关系。但是社会越是向前发展,性爱关系就越是受到重视,最终则总要超过血缘关系。

随着性爱关系的发展,夫妇感情的增进,对于感情独占的要求便也开始强化,甚至于向死后延伸。而当人们发现不可能做到这一点时,其失望也就不可避免,其悲哀也就必然发生。而且可以说,性爱关系越是发展,感情独占的要求便也就越是强烈,其要求便也就越是难以满足,其失望便也就越是深刻,其悲哀便也就越是浓重。

这么说来,所谓"男人的悲哀",便不仅是一个男性中心的问题,而且也是一个"感情独占"的问题。因而,这种悲哀也许不仅不会随着男性中心社会的消失而消失,也许反而会随着性爱关系的发展而进一步增强。

在这一意义上,与"男人的悲哀"相对的"女人的悲哀",便也自然会出现在我们的视线之中。"感情独占"的要求,在一个男女平等而性爱自由的社会里,是男女双方所共同具有的。于是那曾经在男人的心里发生过的一切——要求、失望、悲哀——便也会在女人的心里发生。女人也会同样要求那爱着自己的男人,在自己死后继续爱着自己;而一想到男人更不可能做到这一点,便也会产生深深的失望和悲哀。

超越于这种"男人的悲哀"与"女人的悲哀"之上的,其实正是

六　人际困境

"性爱的悲哀"或"夫妇的悲哀"（我们这里姑且把这二者看作是一回事）。性爱关系或者夫妇关系，是相爱男女的结合。但是其中一方的死去，却将使这种关系解除。这是相爱的男女所不愿意想象，也不愿意看到的，却又是必然的结局。于是人们也就感觉到，在性爱关系或者夫妇关系中，由于生命本身的孤立性质，也存在着一条难以跨越的宿命性鸿沟。劳伦斯说过："爱不是根，它只是个分枝，根远远不是爱，而是一种赤裸裸的孤独，一种孤独的自我。这些孤独的自我不会相遇，不会混合，永远也不能。""在你心中，在我心中，都有一块鞭长莫及的地方，这块地方超过了爱的势力范围，就像某些星星超越了视线范围一样——最终是没有爱的。"（劳伦斯，《恋爱中的女人》，庄彦译，时代文艺出版社，1987）这就会使人们产生"性爱的悲哀"或"夫妇的悲哀"。

小说家们曾为这种种悲哀开过一些药方，诸如不要对性爱关系过于执著，"从第一着迷处，把这念头放淡下来"，"割断迷情，逍遥自在"（这类药方当然也适用于其他人际关系的场合）。但是其实只要性爱关系继续存在，这种种悲哀便将继续存在，顶多只能稍稍缓解一下，却不能把它们永久消除。因为人不可能没有爱心，也不可能没有爱情。

这就是人的困境之一。人总要执著于什么东西，但执著太甚则必生失望，失望既多则必求解脱，解脱已久则必有空虚，空虚既深则必重生希望，希望既大则必致重新执著——循环往复，无有已时。完全的执著既不可能，彻底的解脱又做不到，人们便只能在这两端之间彷徨。"暂时的爱不值得花费力气，而永久的爱又不可能。"于是人们也就只能永远无所适从了。

4. 朋友的悲哀

友谊的主题不仅大量出现在中国古代的诗歌里，也大量出现在中国古代的小说中。我们看到很多优秀的小说，都描写了朋友之间的深厚友谊;同时,作为其必然的对立面,也常常描写对于友谊的背叛行为。友谊以及对于友谊的背叛,可以说是自《诗经》以来的中国文学——包括诗歌与小说——最重要的主题之一,也是最受东西汉学家注意的主题之一。

但是,人们也许过于关注歌颂友谊或谴责背叛友谊的主题,却未曾注意过"朋友的悲哀"这一心理现象的存在。就像其他人际关系一样,因为人类存在的孤立性质,也就是人际的隔绝状态,所以即使在那友情最为深厚的朋友之间,也无法做到彻底的交融。也就是说,正如两性关系或血缘关系一样,朋友关系也无法彻底消除人际的隔绝状态。这就产生了所谓的"朋友的悲哀"。这种"朋友的悲哀",比起一般的对友谊的背叛,应该说更深刻地揭示了人类生存的本质。

中国古代小说对于友谊的表现有一个共同的现象:为了高尚的友谊,小说的主人公们往往不惜主动舍弃宝贵的生命。这种对于友谊的激烈态度,往往使得读者深受震撼。那么小说家为什么要让他的人物为了友谊而做出主动舍弃生命的激烈行为呢?我们认为这正是因为他们想要表达对于所谓"朋友的悲哀"的认识。

一般的友谊,往往连利害关系也很难超越。记得马克·吐温说过,要是不借钱的话,神圣的友情是那么融洽、稳固、忠诚、持久,会终生不渝。而即使在比较好的朋友之间,也需要做出种种近似虚伪的努力。"甚至在最好的、最友爱的、最单纯的关系中,阿谀或称赞也是不可少的,正如同要使轮子转得滑溜,膏油是不可少的。"(托尔斯泰,《战争与和平》,刘辽逸译,人民文学出版社,1989)

但是对于真正高尚的友谊来说,唯一的困难却只来自于人际的隔绝状态,也就是人类存在的孤立性质。这种人际的隔绝状态或存在的孤立性质,乃是与生俱来,而又随死亡同去的。因此就出现了一种似乎很奇怪的悖论:友谊的要求产生自存在的孤立性质,但友谊的最后障碍也恰恰来自存在的孤立性质。"朋友的悲哀"便是由此产生的。只要生命存在,它就无法消除。

　　这种在现实生活中无法解决的宿命,小说家却试图让它在文学中获得想象的解决。于是他们笔下的主人公们,便纷纷通过主动舍弃生命,而获得了对于"朋友的悲哀"的超越。小说家们似乎是要告诉我们,只有死亡才能最终消除"朋友的悲哀",填平朋友间的最后那道鸿沟。

　　不过,小说家对于友谊所做出的这种激烈的表现,同时似乎也具有了另外一层含义:既然在现实生活之中,人们大都异常看重自己的生命,而"朋友的悲哀"的消除,却要靠舍弃生命才能获得,那么由此也就说明,"朋友的悲哀"其实最终是无法消除的。而消除它的唯一途径,似乎也就只能存在于文学之中了。上述这类小说催人泪下效果的获得,也正可以从这里寻得其原因。

　　关于人际关系的悲哀,在现实生活中的体验可能更深刻、更普遍。笔者每天中午喜欢看央视的《今日说法》,里面的案例往往让人惊心动魄:节目里的官司,乃至于凶杀案,常常是亲人、熟人、亲戚所为;案例中为财产亲情撕裂;子女虐待父母,父母虐待子女等等,直让人扼腕叹息,感叹人性的阴暗,感叹人际关系的悲哀。

(三) 人为何会陷入人际困境?

　　人为什么会陷入人际困境之中呢?史铁生认为,从客观原因看,这首先是由人的存在状况所致。"存在"把人分为一个个独立的个体,"存在"让每一个个体都是独立的"自我"而不是"别人"。当然,你可以设想自己变成了别人,但当你变成了别人时,你就成了另一个自我,而原来的"我"随之变成了现在的"别人"。"我"还是"我",别人还是别人。这样,"我"就永远无法彻底了解别人,永远无法与别人彻底沟通。

　　史铁生的这一认识在短篇小说《别人》(《史铁生作品集》第三卷)中得到了形象化的表现:假设你看见一幢居民楼,楼上有一排排一摞摞窗口,常识告诉你窗口里肯定有人,有人就有故事。此时此刻,故事的内容有千百种可能,但你一种也不知道而且永远不会知道。再如你走在大街上,你注视着迎面而来以及背向而往的一张张脸和一个个头,不同的表情和不同的姿势,那里面也有不同的故事。每一个人就像每一个窗口,里面肯定有一个故事,但你只知道自己的故事而对别人却一无所知。所以,一个人与所有的别人之间的距离,应以光年计算。把各自的阳光反射到对方的视网膜上,但中间隔着若干光年。夏天的雨后,可以肯定有千百万人在共度这雨后的凉爽,但人都在哪儿?在哪儿?在干什么?你却一无所知。昨夜,一个叫金水的男人死了,有人给他送花圈。这个叫金水的男人是谁?他和"我"共同居住在一个城市里,他从出生,到恋爱,到失恋,到结婚,到快乐及至哭泣,到死,都在别处。我很想现在去看看这位死者,但这不合情理,因为我不认识他,人家会把"我"当成疯子。这就是说,从生存状态来说,生活本身把人分成"我"和"别人",把每个人都置于相互隔绝的状态,使他们没有相互沟通的机会。对"我"来说,"别人"是"我"的生活背景,就像电影上的人一样,看得见,摸不着,事实上差不多等于一种虚假的存在。从心灵状态说,每个人都是一个独一无二的个体,都有微妙复杂、不可重复、不可替代的精神个性。所以,人与人之间的了解和沟通是相对的、或然的,而隔绝和隔膜则是绝对的、必然的。正是在这个意义上,隔膜才成为人际关系的根本困境。

再从主观原因看,是人类自己制造的种种"规矩"掩盖了、压抑了或者说是扭曲了、异化了人的本性,使人不敢以本真面目相见,所以学会了"装"。

从人类文明发展的角度看,人类进入文明则必须制定规矩,所谓无规矩不能成方圆。规矩让人有所遵循,让社会走向有序,走向文明。但规矩的建立反过来则对人的行为、人的心理形成一种限制、一种禁忌。为了符合规矩,人们常常不得不压抑本性,掩盖本

来面目,于是走向虚伪。在《关于一部以电影为舞台背景的戏剧之设想》中,史铁生以一个极端的例子揭示了这一生存真相:

> 我在报纸上见过一条新闻,说是有一个新娘,在婚礼上当众放了个极其响亮的屁,惹得哄堂大笑,结果她羞愧得一下子脑溢血了要不就是心肌梗死了,总之一命呜呼。放屁是人的正常的生理功能,是科学,是每个人不可剥夺的权利,可是人人却都耻笑那个可怜的新娘。这就像人人都有一肚子真心话想说,可你要是真说了,一百次有九十九次你都要遭到耻笑。这个世界就这样儿,真诚永远是一个弱者。真诚的逻辑和放屁的逻辑是一样的,你当众放出真诚和当众放出响屁效果是一样的。(史铁生,《往事》,第63~64页,中国青年出版社,2001)

《关于一部以电影为舞台背景的戏剧之设想》中心讨论的就是人的处境——"戏剧"即人生,人生即演戏;"背景"即周围的人群,恰似"电影",看得见,摸不着;似乎真实,其实虚幻;近在眼前,远在天边。人与人之间真心难见,心灵难以沟通。人是一种会说假话的动物,他们称赞透明的心,可是他们要用不透明的墙把心都遮住,人的骨子里倾向于自欺欺人。人渴望真诚又不敢真诚,人互相依恋又互相提防,这就是人的根本处境,一种悲剧性的处境。用作品中的原话表述,即"每个人都是孤零零地在舞台上演戏"。

(四)人类永远走在努力沟通有所沟通又不能彻底沟通的路途上

有隔膜就要求理解,要求沟通。史铁生说:"无论僧俗,人可能舍弃一切,却无法舍弃被理解的渴望。"(三,241)史铁生把要求互相沟通的欲望视为个人生命史上的第二件大事(第一件大事即出生)。他说:"当出生不由分说地把我局限在纷纭历史和浩瀚人群中的一个点上以来,我感到,我就是在这样的欲望中长大的;我猜测别人也会是这样。我说'大约可算作第二件大事',是因为我预料这可能还是最后一件大事;这个欲望会毫不减弱地跟随我,直到生命的终点。"(史铁生,《花城》,第56页,1997年第1期)史铁生的话表达了人类渴望理解、渴望沟通的愿望之强烈。

怎样进行沟通?或者说怎样摆脱孤独?史铁生认为,唯有爱情和艺术。

"在这死气沉沉的世界里,唯梦想能够救我们出去。这梦想就是爱,久远的爱的盟约,未来的自由的投奔。爱情是什么?就是自由的心魂渴望一同抵抗'现世魔法'的伤害和杀戮。因这'现世魔法'的统治,人类一直陷于灵魂的战争,这战争不是以剑与血的方式,而是以对自由心魂的窒息、麻醉和扼杀为要点。"(史铁生,《好运设计》,第302页,春风文艺出版社,1995)这里的爱情不单指狭义的性爱,更是对博爱的渴望、呼唤和祈祷。这种"博爱"是对人间苦难与不幸的同情,对众生同胞的悲悯,类似于地藏菩萨的宏愿:"地狱未空,誓不成佛。"史铁生认为一切宗教不管其色彩多么纷繁,终极关怀都是其根本的意蕴;终极关怀说起来无比复杂无比深奥,但归根结底是一个"爱"字。"爱的问题存在与否,对于一个人、一个族、一个类,都是生死攸关,尤其是精神之生死的攸关。"(《好运设计》,第316页)人间有隔膜,人心感到孤独,因而总是呼唤爱。爱可以化解人与人的敌意,让人互相理解,互相尊重,和睦相处。

而艺术呢?艺术可以拆除人与人之间的壁障,让人的灵魂互相倾诉,互相交流,互相印证,从而实现心灵的沟通。史铁生说人们需要艺术就像需要和朋友在一起聊天一样,当然不是商人式的各怀心计的聊天,也不是同志式的"一帮一,一对红"的聊天,而纯粹是朋友之间忘记了一切功利之时的自由、倾心、坦诚的聊天。人为什么要找朋友聊聊天?因为孤独,因为痛苦和恐慌。人指望靠这样的聊天彻底消灭人的困境吗？不，他知道朋友也是人也无此神通。那么他到朋友那儿去找什么呢？找真诚。灵魂在自卑的伪饰中受到压迫，只好从超越自卑的真诚中重获自由。在这里不必遵守任何规矩，唯独不能有虚伪。无规矩的规矩只剩下真诚。基于这种艺术观，史铁生认为写作不一定用笔，也可以用心，心的交流即是写作。因此他认为理想的写作境界就是没有任何禁忌的心灵倾诉——千百万人在一起相互倾诉。如果不能在同一地点那么就在同一时间同时倾诉。这是一种多么浪漫多么动人的理想！

然而爱和艺术沟通人心的效果和作用也仍然有限。因为，"有人的地方一定有墙。我们都在墙里。没有多少事可以放心到光天化日下去做。""肚皮和眼皮都是墙，假笑和伪哭都是墙……假设这心灵之墙可以轻易拆除，但山和水都是墙，天和地都是墙，时间和空间都是墙，命运是无穷的限制，上帝和秘密是不尽的墙。"(《好运设计》，第295～296页)这说明："墙"的存在是绝对的、永恒的、普遍的。还因为，沟通需要语言，然而语言既是沟通的工具又是沟通的障碍，人们操着同一语言，然而表达的却不是同一意思，人一生就走在解释的路上却总是走不到尽头。

如此看来，人与人之间的彻底理解和沟通是不可能的。史铁生对此有着清醒的认识，所以在小说《礼拜日》中他写了这样一句话："自由是写在不自由之中的一颗心，彻底的理解是写在不可能彻底理解之上的一种智慧。"(《史铁生作品集》第二卷，第264页，中国社会科学出版社，1995)

人际困境天然地暗含着相互对立着的两个方面:隔膜与打破隔膜，即要求沟通的欲望。前者激发出后者，后者征服和超越着前者，然而永远也不可能彻底征服和消除前者，二者共生共在，相互对峙着形成一个永恒的张力场。人类将永远在这一张力场中徘徊，将永远走在尽最大努力争取沟通有所沟通又不能彻底沟通的路途上。

七　生命困境

——人都不想死又不得不死

（一）人都不想死又不得不死是生命的根本困境

生命困境也是从史铁生作品中提取出来的，这是史铁生提出的人生三大困境之一。他的原话是这样的："人生来不想死，可是人生来就是在走向死。这意味着恐惧。"（二,432）

死生，人之大事。有生就有死，人一出生其实就是在走向死，人生在世，生的过程其实同时也是走向死的过程。所以有人说，人一出生就是被判缓期执行的死刑犯。这话黑暗可怖，但又无比真实。人一出生就被死亡的阴影所笼罩，够让人"恐惧"的，于是，人的生命意识一旦清醒，就要考虑如何摆脱死亡的问题。思来想去，怎么也摆脱不了，无论谁最后结果都是死。生理上、肉体上摆脱不了，那怎么办？那就只有从思想上进行超越、超脱，即在思想上想通它，接受它，化解它。这就开始了对死的默想。

对"死的默想"其实质是对"生的沉思"。因为，对死的恐惧必然导向对生之意义的追问，提出为什么活的问题——无论谁最后都是死，那么活着还有什么意义？这正是史铁生的思路，史铁生在所有讨论死的地方必然同时在讨论如何生的问题。由于上帝的

七 生命困境

"关照",史铁生不得不很早就与死神打交道,"活,还是不活"对他来说始终是生命中十分紧迫的问题,因而他在生与死的问题上也有着比常人更多更深的思考。可以毫不夸张地说,在当代作家中,史铁生是与死神打交道最多、周旋最久的人,结果,他在精神上超越了死亡,即超越了生命困境,成了一位用审美眼光静观、审视生死的人,一位勘破生死的哲人。

本文,以史铁生的心路历程为经典个案,讨论如何超越死亡,即如何超越生命困境。

(二) 死神的诱惑

朝气蓬勃、生命力正光芒四射的史铁生,突然瘫痪,从此被"种"在了病床上。这毫无来由的横祸让谁也受不了,于是他的精神几近崩溃,他多次叙述过当时的心理状态。

在中篇小说《山顶上的传说》中,他借笔下人物(也是一个瘫痪的青年人)的心境写到,为什么一定要活着呢?这么难,这么苦,这么费劲儿,这么累,干吗还一定要活着?"在这静悄悄的深夜,死去,是一件多么轻松、多么惬意的事!"(《史铁生作品集》第一卷,第289页,中国社会科学出版社,1995)

在《我与地坛》(《史铁生作品集》第三卷)中,他说自己曾在地坛静静的角落里一连几个小时专心致志地想关于死的事,也以同样的耐心和方式想过自己为什么要出生。这样想了好几年,终于明白生是上帝交给他的一个事实,上帝在交给他这件事实的时候,已经顺便保证了它的结果,即死是一个必然会降临的节日。

在《在友谊医院"友谊之友"座谈会上的发言》一文中,他说:

> 在我双腿瘫痪的时候,以及双肾失灵的时候,有人劝我:要乐观些,你看生活多么美好呀! 我心里说,玩去吧,病没得在你身上,你有什么不乐观的? 那时候,尤其是 21 岁双腿瘫痪的时候,我可是没发现什么生命的诱惑。我想的是,我要是

> 不能再站起来跑,就算是能磨磨蹭蹭地走,我也不想再活了。那时候,我整天用目光在病房的天花板上写两个字,一个是肿瘤的"瘤",一个是"死";我祈祷把这两个字写到千遍万遍或许就能成真,不管是肿瘤还是死,都好。到后来,现实是越来越不像肿瘤了,那时我就只写一个字:死。那时候对我最具诱惑的就是死;每天夜里醒来,都想,就这么死了多好!每天早上醒来,都很沮丧,心说我怎么又活过来了?(见《我与地坛》第389页,人民文学出版社,2011)

总之,那时的他,在灾难的打击下,心灵陷入了痛苦的深渊。

(三) 战胜死神的诱惑

当然,正如大家知道的,史铁生并没有去死,而是顽强地活了下来而且活得很辉煌。是什么原因让他战胜了死神的诱惑走出了心灵的深渊呢?史铁生说原因很多。分析起来,主要有以下几个方面:

1. 友谊的力量

在《我二十一岁那年》中,史铁生说,那年双腿彻底背叛我的时候我没死,全靠着友谊。还在乡下插队的同学不断写信来,软硬兼施劝骂并举,以期激起我活下去的勇气;已转回北京的同学每逢探视日必来看我,甚至非探视日也能进来。那时一过中午,我便盼着朋友来。有那么一阵我暂时忽略了死神。朋友们来了,带书来,带外面的消息来,带安慰和欢乐来,带新朋友来,新朋友又带新朋友来,然后都成了老朋友。以后的多少年里,友谊一直就这样在我身边扩展,在我心里深厚。(三,207)

2. 爱情的召唤

"我一时忘记了死,还因为什么?还因为爱情的影子在隐约地晃动。那影子将长久地在我心里晃动,给未来的日子带来幸福也带来痛苦,尤其带来激情,把一个绝望的生命引领出死谷;无论是幸福还是痛苦,都会成为永远的珍藏和神圣的纪念。"(三,208)

3. 人生的追求

史铁生说他所住的友谊医院的王大夫(一位可亲可敬的老太太)对他关怀备至,知道他病愈的可能性不大,就劝他多读读书,说人活一天就不要白活,将来你工作了就忙得没有时间读书了,这时候不读将来会后悔这段时光白过了。史铁生说,这些话当然并不能打消我的死念,但这些话将让我受用终生,在以后的若干年里我频繁地对死神抱有过热情,但在未死之前我一直记得王大夫这些话,因而还是努力地去做事。使我没有去死的原因很多,"人活一天就不要白活"亦为其一,慢慢地去做些事,于是慢慢地有了活的兴致和价值感。(三,206)

4. 幽默的态度

这一点多亏受了卓别林的启发。史铁生说他第一次平心静气地放弃自杀的念头,是因为听了卓别林的劝。卓别林主演的电影《城市之光》,女主角要自杀,结果让卓别林主演的角色把她救了。女人很埋怨他,发疯地喊:"你为什么救我?你有什么权力不让我死?""卓别林"慢悠悠不动声色地说:"急什么?咱们早晚不都得死?"史铁生认为,这是大师的态度,不悟透生死的人想不出这样的话,这里面不仅有着非凡的智慧,而且有着深沉的爱心。意思是说,这是困境,是谁也逃不脱的困境,但是,让我们在一起想想看有没有什么办法。这就是爱!史铁生就是靠了这种爱而耽搁和延缓了死,而后才感到了生的诱惑。生的诱惑绝不是生理性生命的诱惑,而是精神性生命的诱惑,是生命意义的诱惑,是生命在向我们敞开它的魅力和意义。

这就是说,从"卓别林"的话里,史铁生看穿了死是一件无需着急的事,是一件无论怎样耽搁也不会错过的事,于是便决定活下去试一试,试着去干一些他自己喜欢干的事,例如写作。不试白不试,试一试不会有什么损失,说不定倒额外有什么收获。这就是说,史铁生听懂了"卓别林"的话,从而把绝望变成了希望,从此投入积极努力追求人生意义和价值的奋斗之中。

5. 过程的美好

摆脱死神的诱惑就这么简单吗?当然不是。因为,虽然你决定活下来试试,尽自己所能干些事,用成就证明自己生存的价值和意义,但是,要是干不出什么,又该怎么办呢?上帝并不打保票让每个想干点事的人一定成功,如果不成功,自己活着不就又没有价值和意义了吗?看来这又是一个严峻的问题。如果解决不了,便很容易又失去活下去的信心。

穷根究底的思维习惯让史铁生在精神层面上继续钻探,结果他又有了新发现,他找到了解决问题的新思想,或者说找到了即使没有世人所谓的"成功",也有足够理由活下去的"精神支柱"。这就是——悟透了"过程即是目的"(或者说"人生是一个过程")。

史铁生说:"至于彻底摆脱绝望摆脱死神的诱惑,可能只有两个办法,一是设法把自己变成傻瓜,一是在明白了过程就是目的之后。"(三,217)

史铁生用自己深刻的人生感悟以及精彩的逻辑推论,证明了人从无中来,又到无中去,来去之间其实也就只是一个"过程",事实上人所拥有的也只有一个"过程"。人生就像一场球赛,你无论是输了还是赢了,只要你看重的是过程,你满怀激情地参与过程,生龙活虎不屈不挠地投入到了过程中,你在这过程中的每一分钟里就都是快乐的。胜负毕竟太短暂,过程却很长久,人要是不能从过程中体味幸福和欢乐,生命就成了一场荒诞的苦役,死神就一直具有诱惑力。

总之,只有你把眼光从"目的"(成功、荣誉等现实功利目标)转向"过程"(在不屈的努力中所获得的精神感受)后,你才能永远欣赏人类的步伐和舞姿,永远赞美生命的呼喊与歌唱,并从不屈中获得骄傲,从苦难中提取幸福,从虚无中创造意义,直到死神和天使一起来接你回去,你依然没有玩够,但你却不惊慌,你知道过程怎么能有个完呢?过程在到处继续,在人间、在天堂、在地狱,过程都是上帝的巧妙设计。(三,199~200)

(四)"我"永远不死

史铁生对生死的思考一路连环走下去,一步比一步深刻,直至找到了"过程就是目的"的生存根据,让人积极热情、一路欢歌地走完这一生。"过程论"彻底击败了死神的诱惑,保证了人"一生"奋斗中的快乐。但最后,被你冷落了一辈子的死神并不忌恨你,最后还是他来接你一起走。那么,对于怕死的人来说,不还是一个"恐惧"吗?史铁生你还有什么办法"幽默",还能和死神相周旋吗?

能!史铁生把自己的思想继续往前、往深处推进。

史铁生说:"通常所谓的死,不过是指某一生理现象的中断,但其实,宇宙无限的消息并不因此而有丝毫减损,所以,死,必牵系着对整个宇宙之奥秘的思悟。"(史铁生,《病隙碎笔》,第158页,陕西师范大学出版社,2002)那么,"死"与"整个宇宙奥秘"有什么关系呢?我们请史铁生自己来解释:

> 要是史铁生死了,并不就是我死了。——虽然我现在不得不以史铁生之名写下这句话,以及现在有人喊史铁生,我不得不答应。

人本困境

> 史铁生死了——这消息日夜兼程,必有一天会到来,但那时我还在。要理解这件事,事先的一个思想练习是:传闻这一消息的人,哪一个不是"我"呢?有哪一个——无论其尘世的姓名如何——不是居于"我"的角度在传与闻呢?
>
> 史铁生死了,风流万种、困惑千重的消息仍在流传,经由每一个"我"之点,联接于亿万个"我"之间。
>
> 从古至今,死去了多少个"我"呀,但"我"并不消失,甚至并不减损。那是因为,世界是靠"我"的延续而流传为消息的。也许是温馨的消息,也许是残忍的消息,但肯定是生动鲜活的消息,这消息只要流传,就必定是"我"的接力。(史铁生,《说死说活》,载《边缘思想——天涯随笔精品》,第 114~115 页,南海出版社,1999)

——在这里,我们又看到了我们已经很熟悉的史铁生。史铁生之所以是史铁生,就在于他的视角总是立于终极域,因而他的思想总有一种彻底性、思辨性、形上性,以至于有一种浓浓的类宗教意味。

用世俗的眼光看,一个人死了就是死了,就是什么都没有了,就等于零了,因而感到无比恐惧。然而史铁生的视角是"终极",他从宇宙生命角度、从本真存在角度看人,看人的生死,知道某一个体的死亡无非只是宇宙整体生生不息的生命过程中一个细胞的更替,亿万个细胞在死去,亿万个细胞又再生,宇宙生命恒在、永在。对于宇宙生命来说,一个人死了,正像永远的乐曲走了一个音符,正像永远的舞蹈走了一个舞姿,正像永远的戏剧走了一个情节,以及正像永远的爱情经历了一次亲吻,永远的跋涉告别了一处村庄。当一只蚂蚁(一个细胞,一个人)沮丧于生命的短暂与虚无之时,蚁群(细胞群,人类,乃至宇宙)正坚定地抱紧着一个心醉神痴的方向——这是唯一的和永远的故事。而"故事"中每一个角色无不是以"我"的形式而存在。在生命的长河里,死不过是某一个信号的中断,它"轻轻地走",正如它还会"轻轻地来"。个体生命之于宇宙生命,正如浪与水,浪是水,浪消失了,水还在。浪活着,是水,浪死了,还是水。水是浪的根据,浪的归宿,亦是浪的无穷与永恒。"所以一切尘世之名都可以磨灭,而'我'不死。"(《病隙碎笔》,第60页)为什么不死? 因为已化入宇宙化入永恒,宇宙在我亦在,他人在即我在,他人是我的再生。这就是小说《我之舞》中天地间传来的神秘合唱:永远只有现在,来生总是今生,永远只有现在,来生总是今生,是永恒之舞,是亘古之梦……

"'我'永远不死"的思想,在著名散文《我与地坛》的结尾,有更诗意的描述:彻悟生命之谜的"我"已经明白,人生的每一步每一步,其实一步步都是走在回去的路上。当牵牛花初开的时节,葬礼的号角已经吹响。

> 但是太阳,它每时每刻都是夕阳也都是落日。当它熄灭着走下山去收尽苍凉残照之际,正是它在另一面燃烧着爬上山巅布散烈烈朝辉之时。那一天,我也将沉静着走下山去,扶着我的拐杖。有一天,在某一处山洼里,势必会跑上来一个欢蹦的孩子,抱着他的玩具。
>
> 当然,那不是我。
>
> 但是,那不是我吗?
>
> 宇宙以其不息的欲望将一个歌舞炼为永恒。这欲望有怎样一个人间的姓名,大可忽略不计。

这语调,多么沉静、安详;这意境,多么深邃、优美! 能用这样的语调叙述这样意境的人,你还认为他对死亡感到恐惧吗? 这时候我们说他已经超越了"生命困境",谁还能不信吗?!

行笔至此,忽然想起2005年底史铁生给笔者的邮件中说到过"灵魂转世"的问题。他说:"您相信灵魂和转世吗? 其实简单。我

人本困境

写过一群鸽子,说要是不注意,你会觉得从来就是那么一群在那儿飞着,但若凝神细想,噢,它们已经生生相继不知转换了多少次肉身！一群和一群,传达的仍然是同样的消息,继续的仍然是同样的路途,克服的仍然是同样的坎坷,期盼的仍然是同样的团聚,凭什么说那不是鸽魂的一次次转世呢？人亦如此。就像戏剧,唯道具的变迁而已,根本的戏魂是不变的。于是才有了一个真正的问题：那又怎样呢？这一切,又都是为着什么？唯当那鸽群离合聚散,呈一片灿烂的闪耀、欢愉的飞舞、悠然的鸣唱之时,空茫的宇宙中才有了美丽。灵魂,便是借助那必然要耗散的肉身,创造着有序,铺陈出善好吧。'子非鱼',没人知道鸽群懂不懂这个。但作为懂得了这一点的审美者、审善者,同时也是倡美者与倡善者,岂不应当感恩？"(见《史铁生书信序文集：信与问》,第148页,花城出版社,2008)

"鸽群"的意象,史铁生在其小说、散文中多次使用过,可见他对自己发现的这一意象的钟爱。他之所以如此钟爱,是因为这一意象比较贴切、完美地传达了他的思想发现。鸽群看起来永远是那一群,其实谁也不知道它已更新了多少代。但无论怎么更新换代,鸽子还是鸽子,一样的生活一样的灵魂,为什么不可以看作是鸽子的灵魂一代代的转世呢？鸽子是这样,人不也一样吗？一代走了,一代来了,经历的是同样的生命历程,同样的心路历程,古人的灵魂传到了你身上,你的灵魂其实也就是古人灵魂的再现——你不认为你的那些苦恼和欢乐古人早就体验过了吗？由此看,一代代人的更换亦可看作一代代的灵魂转世。当然,要充分理解上述思想,先要做的一个思想准备是,跳出个人的小我,转化为人类的大我,从世俗眼光转到终极(宇宙)眼光,上述理解就顺理成章了。

理解了史铁生的上述思想,笔者当时曾获得了极大的精神愉快,于是笔者作为大学教师,在讲到生死问题,讲到史铁生上述思想时，多次和同学们相约：我死了，你们替我活着；将来我的肉身死了，但我的灵魂转世在你们身上——你们的苦恼和欢乐也曾经是我的苦恼和欢乐，你们的经历正是我曾经有过的经历，为什么不可以说我又活在了你们身上?！

这话说得学生一愣一愣的，但是当他们明白过来这一道理后，无不惊叹这里的奇妙，无不感叹这才算是超越了生命的有限，超越了死亡的恐惧。什么叫精神解放，什么叫心灵自由，什么叫灵魂，什么叫智慧，这就是也！由此真切体验到精神的超越之美，体会到了灵魂飞升之妙！

超越生命困境，超越死亡，肉身做不到而精神上能做到。人文学科工作者就是要把自己悟到的生命智慧传达给所有人。

关于"超越死亡"、超越生命困境问题，本丛书专设一卷加以讨论，有兴趣的读者请参看《超越死亡》卷。

八 自由困境

——人是生而自由的,但却无往不在枷锁中

人是生而自由的,但却无往不在枷锁中。这一著名命题是卢梭在他的著作《社会契约论》中提出来的。它精辟地指出了自由所内蕴的困境,思想深刻,给人智慧。

(一)自由与约束相伴相随

喜欢自由、渴望自由、追求自由是人的天性,是人的天然权利,这似乎是不证自明、人人都承认的道理,用西方话语表述,即天赋人权。自由!自由!多么美妙的词语,多么动人的境界,为了它,人们什么宝贵的代价都可以付出("生命诚可贵,爱情价更高,若为自由故,二者皆可抛"),但是,遗憾的是,人类什么时候得到过绝对的、彻底的、真正的、无条件的自由呢?似乎并没有。考察历史和现实人们发现,绝对的、彻底的、真正的、无条件的自由是不存在的,而任何自由都是有条件的、相对的。因为,任何自由身边总是站着一个监督者、提醒者、牵绊者、掣肘者。换句话说,任何自由都必须同时加以约束,加以限制,必须套上一副枷锁。这就是自由的困境,或者叫自由的宿命。

为什么必须为自由套上一副枷锁,必须加以约束呢?原因很

八　自由困境

简单,任其撒野必将造成危害——危害他人,危害人类,同时也毁灭自己。

这其实也是不言自明的道理。我们不必古今中外地旁征博引,只需设身处地地想一想,即可明白自由必须加以约束的必要性和必然性。

让我们穿越历史,回到原始的蒙昧时代去。那时人们刚刚从类人猿进化为类猿人,没有社会没有规矩因而也就没有任何约束,人类是何等的自由和放纵,完全按原始的本能行动。得到一个猎物,由于僧多粥少,于是只好拼死争抢;看见一个漂亮女性,所有的男性都想占有,于是展开厮杀,你死我活。结果呢?结果是弱肉强食强者胜,强者再和强者拼,最后是集体毁灭,至少是集体受伤,谁也不得好死,甚至也不得好活。对人类危害、威胁最大的不是其他动物,而是人类自己。这说明,绝对自由必定会导致绝对的不自由,导致对他人的伤害,直至自身的毁灭。

怎么办?生存需要迫使他们坐下来和平谈判,商量解决问题的办法。协商的结果是订立协议,大家平分,参与追猎的人人有份,或按功行赏有所区别。这样大家便没意见了,和平相处了。再后来发现,老人和小孩没有追猎能力,他们怎么办?饿死吗?当然不能,因为小孩饿死了,将来"我们"老了没有打猎能力了谁来养活"我们"?于是要让小孩儿先吃。老人呢?如果置老人于不顾,将来"我们"的后代长大了也会向"我们"学习,不管"我们"的死活,于是为了"我们"的将来,也必须照顾现在的老人。这样,尊老护幼就成了原始人所必须遵守的契约即规矩。

原始部落的扩大和发展即为后来的国家和社会。生存需要所逼出来的协议、契约、规矩,自然就是对原始野性的约束,就是为原始野性套上的枷锁。这些原始协议之类的建立,就意味着原始人由蒙昧进入文明;协议之类继承、巩固、发展,就是后来文明社会的法律、制度、政策、规矩,内化为人的意识结构,就是后来的道德规范。

由此简单地想象、推理可知,自由是人之所愿,约束为人之所需;自由为人之本能,约束为人之理性。自由让人活得很痛快,结果是人人无法活下去;约束让人人活得不够爽,但人人都能够活下去。权衡得失,为了人类的生存和延续,为了人类能够和平共处,自由和约束缺一不可,二者在张力之中达到平衡,即为文明。绝对的自由永远不存在,自由永远与约束相伴而行。

(二)法制对自由的约束

百万、千万、亿万个个体的人组成的利益共同体即国家,即社会,国家为了维护公民的正常生活,为了维护政权的正常运转,必须建立国家机器,建立军队、警察、法庭,制定必要的法律和制度,颁布必要的政策和法规。这些东西是国民长期生活经验的结晶,体现的是公共意志,代表的是集体利益,因而是现代文明的标志。法律、制度之类带有强制性特征,一旦决定就要求国民必须遵守,这是硬性的要求,没有商量和讨价还价的余地。换句话说,这里的规定是红线,一旦违犯,就必须受到惩罚,否则他人的利益就会受到侵犯,公共生活就会乱套。

当然,这一套法律、制度之类肯定不是完美无缺的,因而也不是永恒不变的。当人们在实践中发现其不合理、不完善、不公平的时候,可以修改它、补充它、完善它,修改补充完善之后仍继续遵守它。

在法制面前,个人的自由无疑是要受到约束的;或者说,个人的自由必须在法制范围之内。这一道理是简单的,无须多言。

(三)社会游戏规则对自由的约束

如上所述,社会是百万、千万、亿万个个体的人组成的利益共同体,这么多人在一起,肯定会发生矛盾和冲突,有了矛盾冲突就

八　自由困境

需要化解，需要协调，需要妥协，经过一代又一代成百上千年的相互磨合、相互适应，逐渐形成了虽不成文、但却心照不宣的"游戏规则"。游戏规则既然是在共同生活中经过反复磨合形成的，就必然是对个体自由的约束，是对个体个性的约束。你想在这里生活吗？那就必须了解它、认识它、掌握它，从而逐渐适应它。否则，就会碰壁，就会烦恼，就要付出或大或小的代价。

刘震云的中篇小说《单位》和《一地鸡毛》中的小林，就是一个开始不懂得社会的游戏规则，一味强调个人自由，然而最后却不得不无奈地放弃个人自由，转而接受约束的人。

小林大学毕业，被分配到某国家机关当职员。刚开始来到单位，小林仍是学生脾气，跟个孩子似的，对什么都不在乎。譬如说，常常迟到早退，上班穿个拖鞋，不主动打扫办公室的卫生，还常约一帮分到其他单位的同学来这里聚会，聚会完也不收拾。领导批评他，他还顶嘴。党小组组长劝他写入党申请书，他说"我对贵党不感兴趣"。

但两三年下来，小林"幡然悔悟"，发现应该改掉孩子脾气。首先是同时分配工作的不少同学已开始提升，而自己还是个大头兵；其次是结婚了没房子，与别人合住一套房子；再则结了婚生了孩子，又接母亲来住，工资低生活紧张，而要分房子涨工资就要提级，提级就必须入党，必须在单位混得好，处好人际关系。

从此，小林像换了一个人：上班准时准点，不再穿拖鞋，不与人开玩笑，积极扫地打开水，主动干一切别人不愿干的杂务，帮领导搬家卖大力气，写入党申请书外加一个月一次思想汇报。宁肯忍痛让孩子喝不上奶粉，也要省下钱来给党小组组长送点礼。单位里人际关系复杂微妙，钩心斗角，他谁也不敢得罪。他时时察言观色谨小慎微，处处低声下气讨好别人，既要任劳又要忍气。小林被生活征服了，生活教会了他许多。为了老婆调动工作，他被迫违心送礼；为了省下几分钱，他一大早到公家副食店排队去买豆腐；为了增加点收入,他抹下脸来去卖鸭子……终于,小林开始"成熟"了,已不像刚来单位时那么天真,尽说大实话,明白了在单位就要真真假假,真亦假来假亦真,说假话者升官发财,说真话者倒霉受罚。于是,他渐渐学会了说假话,学会了办事卖关子,也学会了收人家的送礼……

小林变了:由天真变得世故了,由单纯变得复杂了。用世俗的眼光看,小林由幼稚变得练达了,或者说是成熟了。然而这种成熟却是以放弃个性、个人自由为代价的。这样的成熟究竟是好事还是坏事?是可贺还是可悲?是进步还是倒退?难以说清。此处不予进一步评价,从本文题旨出发,笔者借小林想表达的只是,人生中的自由,实在是一个困境——你追求的是自由,却不得不接受约束。

像小林这样的人物,从生活中走来,带着生活本身全部的本真性、丰富性、复杂性。通过他的生存处境与心路历程,作品揭示了人与人生的种种奥秘,让读者从中透视了世态世相世情的本来面目,看清了人心人性的深层幽微,了解了人情世故的种种隐曲和复杂,因而体验到一种勘破人生底蕴的苦涩感、怅惘感。

小林是个生活中的小人物,不得不接受游戏规则可以理解,那么比小林有本事有能力有资本的大人物又该如何呢?这里我们讨论一下孙悟空吧!

孙悟空原本是一块仙石,钟天地之精灵,日月之造化,遂迸裂化为石猴,因探水帘洞有功而被尊为美猴王,率群猴在花果山过着饥餐山果,渴饮山泉,无忧无虑,自由自在,纯任自然的生活。这其实就是中国人理想中的生活,桃花源式的自由生活,那你就在这里永远地生活下去不就得了,但不行。孙悟空不安分的天性决定了他要走出自己的狭小天地从而走向更广大的世界,即广阔的社会。他先是在菩提始祖那里拜师学艺。有了武艺便急于表现,遭到始祖的批评,料他将来必惹祸患,遂将他逐出师门。为了弄到合适的

八　自由困境

武器,他大闹龙王宫殿,索要宝贝,取走了定海神针金箍棒,又到阴曹地府生死簿上强行勾掉了自己的名字,从此可以永生不死。这就显然破坏了社会规矩,于是龙王、冥王相继告状。玉皇大帝听从太上老君的对策许以官位(弼马温)以招安孙悟空,悟空高兴接受,认真勤恳地工作,后知官职微小又造起反来,要求做最大的官"齐天大圣",做了大圣但有职无权还是被人瞧不起,于是才有"大闹天宫"的英雄壮举。大闹天宫失败,被如来佛压在五行山下。压了五百年没有出头之日,后来在菩萨的推荐下,孙悟空皈依了唐僧,开始了西天取经的艰难历程。取经路上悟空逢妖降妖,遇怪捉怪,立下了汗马功劳,被如来佛封为"斗战胜佛"。

以上是孙悟空的人生之路,大致可以用以下关键词串联起来:自然——社会——冲突——反抗——失败——归顺——奋斗——成功。

孙悟空出身仙石,是从石头缝里蹦出来的,无父无母,无门无祖,无根无派,脑子里一无所有,没有因袭的社会传统、社会观念,完全按自然本性生活,是典型的自然人的生存状态,最大特征是两个字——自由。人来到世界之初不都是这样的吗?!少儿时期不是这样的吗?!那时一派天真烂漫,随心所欲,无拘无束,心理状态活活一个花果山时期的孙悟空。

然而人的自由自在的生活是不能长久的。人一生下来就等于掉进了社会的襁褓里,于是就开始了漫长的被"社会化",即"化"入社会的过程。在开始接触社会开始被"社会化"的时候,人必然会与社会发生冲突。因为社会是由层层叠叠密密麻麻纵横交错的规矩网络构成的,而人的天性是自由的、反规矩的,所以冲突是必然的。

有冲突就有反抗,但反抗的结果是失败。那么,有没有不失败的可能呢?没有!这个失败是必然的,肯定的,没有任何疑义的。为什么?很简单,因为一方面是"个人",一方面是"社会",二者的

人本困境

力量对比太悬殊了！作品中,即使神通广大如孙悟空,闹得天宫沸反盈天,但如来佛出面一个巴掌就把他拍在了五行山下,他自以为飞了十万八千里,结果一看却还没有逃出如来佛的手心。如来佛的手心作为艺术的意象象征了什么？象征的就是社会网络,社会法律和制度,有道是"天网恢恢,疏而不漏"。

和社会激烈抗争失败后,有的一蹶不振永世不得翻身,有的可能还有机会东山再起。孙悟空很幸运属于后者——因为他聪明能干,属于难得的人才,人才在任何时代任何社会都是宝贵的。唐僧取经是为了普度众生,当然是伟大的事业,伟大事业又极为艰难,要求众多人才参与,于是如来佛和菩萨选中了孙悟空。菩萨一阵风来到五行山下,看到孙猴子还没有死,眼睛还在机灵灵地转呢！菩萨严肃地说,猴子,我代表组织和你谈话。如今有一项伟大事业要你帮忙,你干不干,如果干了也不白干,成功了有报偿。孙悟空被压了五百年早已痛苦郁闷死了,于是不假思索便说,只要让我出来,让我干什么都行。于是孙悟空就被放了出来。但因为这家伙太有本事,性格好动不安分,容易惹是生非,一定要严加控制。于是给孙悟空戴上了一个紧箍,把咒语交给唐僧,他一旦不听话,唐僧咒语一念,就让他头疼欲裂,要死不活。孙悟空心想,没想到观音菩萨也这么阴险,我上当了。可是已经取不掉了,只好接受。"紧箍"代表什么？代表法规、纪律等一切必须遵守的东西。任何一个社会、团体要想正常运转,必须有法规纪律。就这样,孙悟空在诱惑(许以"成功后自有好处")和威胁(紧箍)下,不得不归顺了。

归顺后的孙悟空,开始不是很坚定,后来越来越坚定,为取经事业呕心沥血艰苦奋斗,最后终于成功。成功后佛祖兑现了自己的诺言,给孙悟空封了佛。如来佛面前有四十多个佛,而孙悟空就是一个,孙悟空进了如来佛的"领导班子",进入决策层了。这是佛家所能给的最高报偿最高待遇了。也就是说,孙悟空成功的标志就是得到了社会的承认,社会给以最高礼遇了。

仔细想想，孙悟空所走过的路不就是文明社会里每个人所走过的路吗？每个人来到这个世界时都是自然人、自由人，而后就开始了被"社会化"的过程。这一过程中充满个人与社会的矛盾冲突和斗争，这种斗争可能不像孙悟空那样激烈和外在，而大多发生在心理内部——那是一个多么艰难多么痛苦的过程啊！个人渴望自由而社会规范却严加约束，你听从了则罢，不听从就惩罚，在激烈的碰撞冲突，甚至是失败挫折中终于认可了社会规范，半情愿半不情愿地接受了社会规范，按社会游戏规则办事，终于成功得到了社会的认可，获得了社会荣誉。

所以我们说，孙悟空的人生路其实是文明社会里每个人的隐形的人生路。即使是超人孙悟空，也不得不挣扎于无奈的自由困境中。

（四）传统观念对自由的约束

人生下来，身份都是自然人，然而一出生就落入了社会的包围中。既入社会，就必须接受社会已有、固有的传统的价值观念，而这些往往与人的天性、本性相冲突。在此包围中，人想自由但却无法摆脱传统观念的约束。人人如此，概莫能外。例如，著名的贾宝玉，就是一个特别坚守天性，却不得不饱受传统观念围困的典型。

贾宝玉珍爱天性、坚守天性，希望一直活在天性中。其一，他不喜欢读书，一听读书就头痛，一听说他父亲要问他的学习情况，立马吓个半死，为此没少挨训甚至挨打。其实，公平地说，贾宝玉也不是不喜欢读书，他只是不喜欢读他不喜欢的书。贾宝玉喜欢的是能自由抒发个人感情和灵性的唐诗、宋词，是歌颂自由恋爱的《西厢记》和《牡丹亭》。这是人的天性使然。但是，"传统"却逼迫他一定要读四书五经之类所谓的经典，要求他作的不是诗词，而是八股文。八股文为那时代的"高考"而设计，内容陈旧僵化，形式古板可憎，束缚人的情感和灵性，所以最为贾宝玉所厌恶。

人本困境

其二，贾宝玉喜欢和姐姐妹妹们在一起，而不喜欢和污浊男人在一起。他最著名的观点是："女儿是水做的骨肉，男人是泥做的骨肉，所以看见女儿便清爽，看见男人便觉得浊臭。"这是一种绝对反传统的独特的人生观和价值观。这里需要指出的是两个意思：第一层意思是"女儿"而不是"女人"。根据贾宝玉的观察，未出嫁的女孩清纯如水，不受世俗污染，所以可爱；而女孩一旦出嫁变为女人，就变得面目可憎。第五十九回春燕对莺儿转述贾宝玉的话："女孩儿未出嫁是颗无价宝珠；出了嫁，不知怎么，就变出许多不好的毛病儿来；再老了，更不是珠子，竟是鱼眼睛了！分明一个人，怎么变出三样来？"春燕引用贾宝玉的话，是为说明她的母亲和姨妈老姐儿两个越老越把钱看得真了。第七十七回抄检大观园后周瑞家的带"犯错误"的司棋出去，小姐丫环们依依不舍，司棋要求到相好的姐妹们那里告个别，对这一可怜而卑微的要求，周瑞家的一点也不动心，反而是挖苦嘲笑加威胁，表现得十分可恶。宝玉恨得咬牙切齿，说："奇怪，奇怪！怎么这些人，只一嫁了汉子，染了男人的气味，就这样混帐起来，比男人更可杀了。"宝玉话里第二层意思，他所谓的"男人是泥做的骨肉"，是指一般世俗男人而不是指所有男人。也就是说宝玉也不是不与男人交往，而是不和被功名利禄污染过的男人交往。秦钟、柳湘莲、蒋玉菡重情义，无功利，就是宝玉的好朋友。

其三，讨厌仕途经济，拒绝家庭和社会安排的常规道路。贾宝玉是贾府的继承人，承担着支撑门面光宗耀祖的重任，这就要求他熟读四书五经，热衷仕途经济，注重与社会名流、贵族官场建立关系网，以便为将来做官做准备。而贾宝玉却偏偏极为反感这一套，就因为林黛玉不劝他入仕，他视为知己；而薛宝钗和史湘云因劝他入仕，他立马翻脸要把她们赶出去，与他一贯的温和友善大相径庭，显得很不近人情，态度非常激烈，可见他对仕途经济之厌恶已达到忍无可忍的程度。

八　自由困境

其四，家庭、社会要求他承担责任，而他却拒绝承担这一责任，他沉浸乃至于陶醉在个体心灵的天地里，追求的是情感的满足。"茫茫人生苦海中唯一的慰藉便是众人的或各人的眼泪，是女孩子爱自己的真情。陶醉在这样的'情'中，结束痛苦的人生，这就是宝玉的'主义'，这就是宝玉的宗教，这就是宝玉的价值观。"（王蒙，《双飞翼》，第 256 页，三联书店，1996）

总结贾宝玉的上述主要特点可以看出，他的一举一动都发自天性，反感陈腐的世俗观念。他始终活在个人的天性与陈腐的世俗观念的矛盾夹缝中，他始终与世俗相冲突，他一生活得好累好累。他一生渴望自由却无法自由，最后终于忍无可忍，终于出离红尘遁入佛门。

各位想一想，贾宝玉身上的矛盾，或者说他身上所负载的个人天性与陈腐的世俗观念相冲突的困境，仅仅是他个人的吗？或者仅仅是他那个时代的吗？我看未必！请联系你自己的内心生活看是不是这样——就天性而言，与玩儿相比，哪个孩子天生好读书？就读书而言，哪个孩子不是喜欢读符合自己天性的书而喜欢四书五经之类的所谓应试书？就日常交往而言，哪个男孩不喜欢和女孩儿玩儿？就社会交往而言，哪个人不是喜欢与自己情投意合的人交往，而是和与自己不认识的权贵交往？所以，贾宝玉的所作所为所思所想，无不是出自天性，出自本心，出自自然。然而，"人生在世"，这个"世"就是社会，社会是由层层叠叠纵横交错的规矩规范组成的，作为社会成员的每个人都必须遵守这些规矩，也就是自然人向社会人的进化。人的成长和受教育的过程，其实就是由自然性向社会化过渡的过程。这期间人的自然性和社会性必然发生冲突。所以我们说，贾宝玉身负的矛盾是文明进程中整个人类的矛盾，贾宝玉的困境是文明社会中所有人的困境。

由此看，《红楼梦》不仅写了过去（那个时代），也写了现在，而且还写了将来。我就不信将来会完全没有个人天性和社会性的矛盾。如此看来,贾宝玉这一形象的意义将永远不会失去。

由此我们可以断定,每个人的内心深处大约都有一个贾宝玉,他的痛苦很可能在你身上重演着。不同在于,他在艺术中,因此他可以按作者的安排出家,而你我,终于摆脱不了复杂的社会关系之网,我们要在这里挣扎一辈子。

我们平时总说《红楼梦》深刻,可是不太能理解,今天我们通过对贾宝玉人生困境的分析,帮助读者理解其中的深刻寓意。《红楼梦》是永远不朽的,其价值是永恒的,因为它揭示的是人类生活中最深层次的东西,它写出了过去、现在和将来。

(五)伦理道德对自由的约束

这一点似乎不用解说,因为已经"众所周知"。故此处从略。

(六)社会潮流对自由的约束

现代社会资讯发达,信息传播迅速便捷,由此制造出的社会潮流光怪陆离,铺天盖地,弥漫充盈于社会的各个角落,生活中的人,谁也逃不出它的笼罩。这是后现代社会、后现代文化最突出的特点之一。身处社会潮流的包围之中,有定力、能坚持自我个性、坚持独立思考的人,已不多见。多数人在社会潮流的纷扰侵袭之下,丧失了自我,丧失了自由及选择的能力,转而投向社会潮流,在随大溜中泯灭了自己的灵魂。这种倾向,借用美国思想家弗洛姆的术语,叫"逃避自由"。

社会是政治、经济、思想、文化诸多因素综合而成的一个巨大网络,一个超级复杂的"巨无霸"系统,与社会这一庞然大物相比,个人总是渺小和微不足道的。因而,个人的自由总是要受到这样那样的约束,这是必然的。

（七）在约束中寻求自由

"自由——约束"的困境，来自"个人——社会"的处境；后者是因，前者是果，只要有后者在，前者就会同在，自由与约束将始终相伴相随，纠结到永远。

由此可见，自由永远是相对的而不是绝对的。当个人追求自由、希望实现自己的自由时，就必须同时想到法律、制度、纪律、责任、义务、良心、道德等等，必须同时想到是否会伤害他人的利益。换句话说即必须连带想到所要遵守的约束。自由是在必要的约束下的自由，离开约束的自由是可怕的。

总之，正如本文前面所说，自由是人之所愿，约束为人之所需；自由为人之本能，约束为人之理性；自由让人活得很痛快，结果是人人无法活下去；约束让人人活得不够爽，但人人都能够和平共处地活下去。权衡利弊得失，为了人类的生存和延续，为了人类能够和睦相处，自由和约束缺一不可，二者在张力之中达到平衡，才是理想的文明境界。

九　平等困境

——平等是相对的，而不平等是绝对的

（一）人类一直在追求平等但却始终没有过真正的平等

平等，似乎是人类与生俱来的精神需求。为什么？原因很简单，用基督教的话说，我们都是上帝的子民；用中国道家哲学说，我们每个人都是钟天地之精灵，日月之造化，阴阳二气化育的结果；用老百姓的话说，我们都是爹娘生的，所以应该平等。于是，要求平等，一直是人类觉醒以来持久的呼声；平等，也就成为各种文化的共同追求。如，基督教认为，四海之内皆兄弟；佛教说，众生平等；儒家希望世界大同；启蒙主义者呼唤自由、民主、平等、博爱，等等。

然而，世界上有真正的平等吗？在什么时代、什么地方、什么事上真正平等过？一旦追究起来，结论令人悲观。人们一直追求的平等其实并没有真正实现过。且不说与生俱来的先天的不平等——家庭出身、长相、智商、健康程度等等，从一出生就不一样即不平等；即使进入人类自己创造的社会，社会的游戏规则是人类自己制定的，按说应该平等了吧？可事实上依然充满不公平即不平

九　平等困境

等,这表现于方方面面。

人类一直在追求平等但却始终没有实现过真正的平等,这是人类面临的又一困境:平等困境。对此困境,人类充满困惑,自古至今都在进行着执着而持久的思考。作家史铁生也参与了这一思考,在他的《务虚笔记》中,他借书中人物对此进行过深入的讨论和思辨。

> 女教师 O,性格单纯、善良、高贵、富有爱心;画家 Z,家境贫寒、经历坎坷、勤奋简朴不入俗流、轻物利、重精神——这正是 O 从少女时代就幻想着的那种男人,让她着迷的男人,所以 O 对 Z 一见钟情,和前夫离婚嫁给了 Z。O 对 Z 简直是一种崇拜,Z 喜欢并习惯于这种崇拜。
>
> 善良的 O 认为,人不应该有高低贵贱之分,一切人都是平等的。但 Z 对此不以为然。Z 的理由是这样的:人,应该有其价值;但是价值,这本身就是在论人的高低。当然你可以认为一个乞丐比马克思更有价值,这取决于你的价值观,但这仍然是在论高低,不过是换了个位置。但你要是说一个乞丐和马克思有一样的价值,这是虚伪,是强词夺辩,而实际上是取消价值。也就是说,除非你取消价值不论价值,人才都是一样的,世界才是和平的,才是"四海之内皆兄弟",才能重归伊甸园。但可惜世界不是这样,要求价值不仅正当,而且被认为是神圣的。在这样的世界上,一个不论价值的人就被认为是最没有价值的人。(史铁生,《务虚笔记》,第 328~330 页,工人出版社,2010)

Z 的逻辑强硬有力,让 O 感到无法反驳。无奈,O 退一步,转换话题,说在爱情中,人是不论价值的,爱是无价的,换句话说,爱是平等的。Z 对 O 的爱情平等观不屑一顾,认为不值一驳。他认为爱情也根本不可能是平等的,问题很简单,没有人去爱一个傻瓜。他说一个人爱另一个人不可能是没有理由的,其中必包含着崇拜、钦佩,还有倾慕,而白痴、弱智、低能、庸才、凡夫俗子,不可能赢得你的崇拜、钦佩和倾慕,因而不可能赢得你的爱。对他们你可以同情,可以帮助,但你不可能爱他(她)。

O对Z的严密逻辑和铁的事实反驳不了而又不服气,想来想去,O想到了一个反击点:你说的价值不过是社会的、功利的价值,其实不如说那是价格,交换价格,可我说的是人的终极价值!

毫无疑问,终极价值当然是高于现实的、社会的、功利的价值的价值,在境界上看来Z要处于下风了。但Z绝地反击:有那玩意吗?你能告诉我那是什么吗?O回答说很多很多,比如平等,比如爱。Z反唇相讥:你以为人真的能平等吗?你看见人什么时候平等过?人生来就不可能平等!因为人生来就有差别,比如身体,比如智力,比如机会,根本就不可能一样。你这念过大学的,总承认这个世界是矛盾的是运动的吧?可平等就是没有差别,没有差别怎么能有矛盾,怎么能运动?

O:"我不是说这个,我是说人的权利!所有人都有平等的权利!"

Z:"那是一句哄小孩子的空话!谁给你兑现那份权利?要是事实上人就不可能平等,这个权利除了能拿来说一说还有什么用处?说的人,只是比不说的人多得些虚伪的光荣罢了。至于爱嘛,就更不可能是平等的,最明显的一个事实——如果你能平等地爱每一个人,你为什么偏要离开你的前夫,而爱上我?"(史铁生,《务虚笔记》,工人出版社,2010,第329~330页)

Z的话刻薄而冷酷,丝毫没有顾忌到O的感情和尊严,但也正因为这是干硬的"理性",才击中了O的"软肋",O对此无言以对,她可能压根没有想到过这一点。O一直信仰平等,追求平等,

九　平等困境

然而却没有想到平等从来没有真正实现过,就连自己也没有做到平等(即无差别)的爱,就连自己也没有享受到平等的爱(Z 对她从来都是居高临下的)。也就是说,O 自己的行为和现实的处境,都否定了她自己的理念。

(二) 平等是相对的,而不平等是绝对的

这到底是怎么回事？平等当然是美好的东西,但真的是不可实现,压根不存在的吗？如果真是这样,那么也确实如 Z 所说,这样的追求还有什么意义?! O 为此陷入深深的迷茫,她走不出这个困境,解不开这个谜团。她爱 Z,但 Z 是那样的高傲和自负,Z 对她是真爱吗？Z 追求的一向是崇拜和征服,而崇拜和征服是爱吗？她和 Z 之间是真正的平等吗？"差别,这人生注定的差别可真正是个严重的问题。"就这样,理论的和现实的,形而上的和形而下的矛盾交织在一起,让单纯善良的 O 苦恼不堪,无以自拔,终于自杀。

O 和 Z,其实就是史铁生思考平等问题时思想的两面,O 的困惑其实就是史铁生的困惑,也是所有思考平等问题的人的困惑。一边是美好的理想和愿望,一边是不能实现的现实。而且,不能实现,并不都是因为现实的努力不够(有的是有的不是),而是因为终极原因——事物的辩证法如此,事物的客观规律如此。

当然,辩证法要求具体问题具体分析。属于宿命因素的不平等,如家庭出身、长相、智商、出生年代、出生地域等,人一出生就已定型,已无法改变——这是属于大自然即"上帝"的事,因而只能坦然接受。但某些属于社会领域里的不平等可以、而且应该通过人们的改革予以消除,逐步达到平等；不平等消除得越多社会就越趋向平等。但是,无论你消除多少不平等,不平等还照样存在。不为别的,还是因为辩证法——平等是相对的,而不平等是绝对的。因此看,平等困境将会永远存在。

（三）旧的不平等消除了，新的不平等又产生了

旧的不平等消除了，新的不平等又产生了，在人类历史上并不是个别现象，而毋宁说是一种普遍现象。远的不说了，就以 20 世纪垮台的苏联为例吧！

列宁领导的十月革命，毫无疑问是要消除旧的沙皇俄国腐朽的政治制度，消除社会的诸多不公平、不平等。苏维埃政权的建立消除了沙俄时期的不公平、不平等，这就是列宁领导时期的苏联。在列宁时期，苏共的干部革命意志坚定，没有丝毫特权，能与群众同甘共苦。一个典型事例是，当 1918 年发生粮食危机时，有权调拨千百万吨粮食的人民委员瞿鲁巴，竟连自己都吃不饱，在一次人民委员会会议上饿得昏倒了——这是由"不平等"走向"平等"。

列宁去世之后，斯大林当政。此时的苏联开始出现特权阶层，即开始由"平等"走向"不平等"。此后愈演愈烈，直至不可收拾，导致苏联垮台。

这里讲的特权并不是指对某些有特殊贡献的人或一部分领导人给予较高的工资或待遇，而是指利用权力享受种种特权。苏联的特权表现在：名目繁多的津贴，免费疗养和特别医疗服务，宽敞的住宅和豪华的别墅，特殊的配给和供应，称号带来的特权，等等。对苏联上层领导来说，高薪反而不是主要报酬了。在苏联的任何时期，特权阶层都掌握着各级党、政、军机关的领导权，这种领导权是实现特权的基础。

在赫鲁晓夫时期，领导人的特权虽有所削弱，但依然存在。到了勃列日涅夫时期，又开始悄悄地"斯大林化"。特权阶层的扩大化与稳定化，成为勃列日涅夫时期改革停滞不前的一个重要原因。俄罗斯著名学者、苏联发展演变过程的目睹者阿尔巴托夫指出："早在 30 年代，所有这些已经形成完整的制度。根据这个制度的等级——政治局委员、政治局候补委员、中央书记、中央委员、人民

委员、总局的首长,等等——每一级都有自己的一套特权。战争之前,享有这种特权的人范围相当小,但特殊待遇本身是非常优厚的,特别是同人民生活相比更是如此。"战后,对苏联上层领导人的配给制达到了非常精细的程度。特别是各种商品的购货证与票券的大大发展,逐渐成为高中级干部家庭正常生活方式的一部分。

在苏联时期曾任州委书记、苏共中央政治局候补委员、苏共莫斯科市委书记,后来任俄罗斯总统的叶利钦,在其自传中,根据亲身经历对苏联的种种特权加以揭示:特权阶层有"专门的医院、专门的疗养院、漂亮的餐厅和那赛似'皇宫盛宴'的特制佳肴,还有舒服的交通工具。你在职位的阶梯上爬得越高,归你享受的东西就越丰富","如果你爬到了党的权力金字塔的顶尖,则可以享受一切——你进入了共产主义!那时就会觉得什么世界革命、什么最高劳动生产率,还有全国人民的和睦,就都不需要啦","就连我这个政治局候补委员,这样的级别,都配有 3 个厨师、3 个服务员、1 个清洁女工,还有 1 个花匠"。特权阶层享受着现代化的医疗设施,"所有设备都是从国外进口的最先进的设备。医院的病房像是一个庞大的机构,也同样很豪华气派:有精美的茶具、精制的玻璃器皿、漂亮的地毯,还有枝形吊灯……""购买'克里姆林宫贡品'只需花它的一半价钱就行了,送到这儿来的都是精选过的商品。全莫斯科享受各类特供商品的人总共有 4 万。国营百货大楼有一些柜台是专为上流社会服务的。而且那些级别稍低一点的头头们,则有另外的专门商店为他们服务。一切都取决于官级高低。所有的东西都是专门的——如专门提供服务的师傅、专门的生活条件、专门的门诊部、专门的医院、专门的别墅、专门的住宅、专门的服务……""每个党中央书记、政治委员和候补委员都配有一个卫士长。这个卫士长是受上级委派办理重要公务的职员,是一个组织者……他的一个主要职责是立刻去完成自己的主人及其亲属请求办理的任何事情,甚至包括还没有吩咐要办的事情。譬如要做一套新西服，只要说一声，不一会儿裁缝就来轻轻敲你办公室的门，给你量尺寸。第二天，你便能看到新衣服，请试试吧！非常漂亮的一套新西装就这样给你做好了"。"每年3月8日妇女节，都必须给妻子送礼物。这同样也不费事，会给你拿来一张清单，那上面列出了所有能满足任何妇女口味的礼品名称——你就挑吧。对高官们的家庭向来是优待的：送夫人上班，接他们下班；送子女去别墅，再从别墅接回来。""每当政府的'吉尔'车队在莫斯科的大街上沙沙地飞驶而过时，莫斯科人通常停下脚步。他们停下来不是因为此刻需用敬重的目光瞧一瞧坐在小车里的人，而是由于这确实是个令人有强烈印象的场面。'吉尔'车尚未开出大门，沿途的各个岗亭就已得到通知。于是，一路绿灯，'吉尔'车不停地、痛痛快快地向前飞驶。"叶利钦谈到自己的别墅时叙述道："我头一次到别墅时，在入口处，别墅的卫士长迎接我，先向我介绍此处的服务人员——厨师、女清洁工、卫士、花匠等等一些人。然后，领我转了一圈。单从外面看这个别墅，你就会被它巨大的面积所惊呆。走进屋内，只见一个50多平方米的前厅，厅里有壁炉、大理石雕塑、镶木地板、地毯、枝形吊灯、豪华的家具。再向里走，一个房间、两个房间、三个房间、四个房间。每个房间都配有彩色电视机。这是一层楼的情况，这儿有一个相当大的带顶棚的玻璃凉台，还有一间放有台球桌的电影厅。我都弄不清楚到底有多少个洗脸间和浴室。餐厅里放着一张长达10米的巨大桌子，桌子那一头便是厨房，像是一个庞大的食品加工厂，里面有一个地下冰柜。我们沿着宽敞的楼梯上了别墅的二楼。这儿也有一间带壁炉的大厅，穿过大厅可以到日光浴室去，那儿有躺椅和摇椅。再往里走便是办公室、卧室。还有两个房间不知是干什么用的。这儿同样又有几个洗脸间和浴室。而且到处都放有精制的玻璃器皿，古典风格和现代风格的吊灯、地毯、橡木地板等其他东西。"

  法国作家罗曼·罗兰于1935年访问莫斯科时，发现竟连无产阶级作家高尔基也享受贵族待遇,在金碧辉煌的别墅里,为他服务的有40～50人之多。罗兰在《莫斯科日记》里写道:苏联已出现"特殊的共产主义特权阶层"和"新贵族阶层","他们把荣誉、财富与金钱的优势攫为己有"。(材料见《铁血社区》,2011年1月31日,《苏联特权阶层的奢华触目惊心》)

  1991年苏联巨变,延续了七十多年的红色政权大厦一夜间轰然坍塌。坍塌的原因多多,此处不予讨论,但原因之一肯定是社会长期存在的巨大不平等。新政权的建立当然应当汲取经验教训,想尽一切办法从制度上杜绝出现巨大不平等的漏洞。新政权当然也为此做了多方面的艰苦努力,然而,曾几何时,俄罗斯的贫富差距又开始拉大。俄罗斯经济与生活网站曾于2013年9月17日报道,据俄罗斯联邦国家统计局的资料显示,2013年上半年,俄罗斯10％最富有的人占有现金总收入的份额为30.4％,2012年上半年这一指数为30.2％。2013年上半年,俄罗斯10％最贫穷的居民所占俄罗斯居民现金收入总额的比重为1.9％,去年同期这一指数也是1.9％。

  目前,俄罗斯的亿万富翁数量已高居世界第三位,同时却有越来越多的家庭步入贫困行列。石油、金钱和政治,塑造了两个截然不同的俄罗斯。西方国家贫富分化的过程持续了几十年甚至几个世纪,而在俄罗斯,这种社会两极化则是在短短的20年的改革期间形成的。俄罗斯激进的市场经济改革使得富者更富,穷人更穷。

  不平等——平等——不平等,旧的不平等消除了,新的不平等又产生了,如此循环往复,没有穷尽。

(四)人类永远走在努力消灭差别而差别又永在的路途上

  如此说来,追求平等,真的就像Z所说的那样是没有意义的吗?

当然不是!

平等,作为理想,是一面旗帜,它高高地矗立在信仰的圣殿里,有它在,才会反衬出不平等的不合理,才会激发人们改变现实、消除不平等的动力。这永远是社会改革的动力之源。如果说不能实现就取消了它的意义,那么"不平等"就会变成"合理",你就没有理由去变更它改造它了。所以,人们面临的真实境况是:永远在追求平等,但不平等却又永远存在;不平等永远存在,又激发出人们消除它的动力,即人类追求平等的努力也永远存在。

人类永远走在这条永无穷尽的路途上,并不意味着人类是在原地徘徊或平面循环,而是在螺旋形上升。在这个螺旋形上升的路途中,不平等虽然永在,但其"质"和"量"都在发生变化,变化得越来越符合社会的进步,符合人性的要求。

在这条永无穷尽的路途上,正确的态度是认识到某些(如社会领域)不平等的不合理而尽最大努力去消除它,而不是维护不平等的存在,或坚守不平等的高端享受及不平等带来的利益。

如《务虚笔记》中的 Z,出身卑微,小时候受尽歧视。很显然,在不平等的格局中 Z 曾处于弱端,曾被居于强端的人蔑视过,心灵受过创伤,因此,他发誓一定要做强人,一定要"雪耻"。经过顽强奋斗,Z 终于自以为成为了艺术家,自以为已经高贵,已经居于平等的强端,因此他居高临下,蔑视这个瞧不上那个,他永远忘不了的是向蔑视过自己的人实行报复,永远忘不了的是"征服"。他曾经极为强烈地要求消除人类的不平等,那是因为他居于不平等的弱端;而一旦自以为居于高端,他就要竭力维护这种不平等,就要充分享用不平等所带来的优越感。他的表现,从外表看是强悍的、自负的、"高贵"的,然而透过现象看本质,从内心看,他其实是脆弱的、自卑的、自私的、狭隘的。Z 是不平等的"既得利益者",而任何"既得利益者"的行为规律,按鲁迅的判断就是——要维持现状。

九 平等困境

关于 Z 对待差别的态度(也可视为对待平等困境的态度),笔者在《务虚笔记·评点本》(工人出版社,2010)中做过如下评点,可作为本文的结束语:

> 有差别的世界伤害了 Z,Z 又最大限度利用差别报复了这个世界!"冤冤相报何时了!"Z 让差别扩大而不是缩小,让仇恨积聚而不是消弭。有差别才有世界,这是事物的辩证法。面对差别的永在,正确态度应该是承认它而又千方百计为消灭它而努力,而不是看到差别又尽量利用和扩大差别……然而不管怎样努力它都永远存在——这是人的永恒困境。人类永远走在努力消灭差别而差别永在的路途上。人的价值就体现在消灭差别的努力上,而不是占据价值高端傲视世界(史铁生,《务虚笔记·评点本》,第 329 页,工人出版社,2010)

十　理想困境

——一个永远达不到因而永远存在的精神之域

（一）理想虽然美好却常常败于现实

理想，多么美好和神圣的词语，多么美好的境界啊！难道也会是困境？！也是！这是史铁生在给笔者的信中明确提出来的。他的原话是这样的："正如您文中说，人的理想和困境是我'在作品中不断探讨'的主题。此一回《丁一之旅》更是侧重了困境——理想本身的困境，或者说理想本身所埋藏的危险。人类并不乏种种美好的理想，但是千百年中，却常见其南辕北辙。也许，更要重视的，并不在理想是怎样的美好和必要，而在其常常是怎样败于现实的。"（《史铁生书信序文集——信与问》，第185页，花城出版社，2008）

从这段话可以看出，在史铁生看来，理想的困境在于其"本身所埋藏的危险"，在于理想与现实的"南辕北辙"，即理想虽然美好却常常败于现实。

那么理想"本身所埋藏的危险"是什么呢？换句话说即理想与现实为什么会"南辕北辙"，常常败于现实呢？史铁生认为，理想本身所埋藏的危险是因其美好而想让它"实现"，而且让人相信它是

十　理想困境

可以"实现"的,"且务以其实现为成功、为快慰",结果模糊了理想与现实的界限,把两种本来性质不同的东西弄混了,所以失败是必然的。

史铁生的这一思想是从具体人物的讨论引出的。他的长篇小说《我的丁一之旅》(人民文学出版社,2006)中的丁一,对现实生活中人与人之间相互隔膜、隔离、提防、遮蔽的状态十分不满,他渴望自由,渴望打破隔膜、隔离、遮蔽的状态。在人们向往的所有自由中,最重要最强烈的当然是爱的自由。爱情是人间最美好的一种情感,可是为什么最美好的感情却要被限制在最狭小的范围里? 先是限制在异性之间,又限制在一对一的关系中,再又是提倡最少的人次? 这美好的感情为什么不可以扩大? 更多的人之间就不能有爱情吗? 丁一百思不解,死不甘心。他想创造奇迹,实现理想。他把自己的想法讲给秦娥和吕萨听,两位女性表示理解并支持他的设想,于是三个人一同进入他们设计的戏剧,进入"性欲或爱欲多向"的实践。

他们的实践是怎样进行的呢?"我想把此后的情节都留给读者去想象,留给所有愿意想象的人们去想象。因为毕竟,戏剧依靠的不是别的,是想象——对生活之无限可能的想象,对爱欲之无限可能的想象。而三个人的戏剧,更是要靠着非凡的想象力,靠着宽展的心怀、纯净的心愿以及最为大胆的约定。"(《我的丁一之旅》)总之,在三个人的戏剧中,人间一切阻碍心魂的魔障都荡然无存,他们一同创造了激情燃烧、充满诗意的生活,已然重返了伊甸园。

然而,他们毕竟生活于现实中,他们到底躲不开现实的困扰。秦娥的女儿要上学,需要一个合法的身份,秦娥一直爱着的男友出现,秦娥想过一种正常生活,最终走出了他们的戏剧。丁一激烈反对,认为那是向世俗和平庸投降,阻止秦娥走出戏剧。这样丁一就违背了"尊重"和"自由"的原则,成了压迫、强权、专制的化身。而且丁一对秦娥回到男友身边表面上说不在乎,实际却饱受嫉妒的折磨。丁一眼看着自己的理想破灭,痛苦不堪,急火攻心,旧病复发,终于不治,撒手人寰,丁一的努力宣告失败。

丁一为什么会失败?史铁生说,他的失败在于他"不是要实验,而是要实现",在于他一定要让理想落实为现实(《史铁生书信序文集——信与问》,第186页,花城出版社,2008),而理想在现实中是"不可实现"的。因为,理想与现实不同质,二者之间有着无法逾越的界限。

(二) 为什么理想不可实现?

那么理想与现实的界限在哪里呢?很明显,在于其根本性质的不同。正如二者的命名自身所显现的,理想是合理(理念、理性)之"想"(梦想、想象,史铁生又常叫"梦愿")。"想"属"虚",属"无",它只存在于心灵中,存在于精神世界中;而现实属"实",是真实,是事实,是已经"实现"。常言说,"耳听为虚,眼见为实"——可见这个"实"已经是看得见摸得着的。二者的命名本身已经标明二者的不同属性——一个姓"虚",一个姓"实",因而,理想不但不是现实,而且不可"实现"。

为什么理想不可实现?史铁生的解释是:"理想的不可实现在于:① 实现了,就不再是理想,但永远都会有无穷的召唤在前头。② 尽善尽美之于人,永远都在寻求中,所以上帝说他是道路。③ 这道路,一不可由人智规定,二不可由人力推行,否则无论怎样美好的理想,瞬间即可颠倒,恶却随之强大起来。④ 但这理想,或道路,又不是可望而不可及的,它永远都是人心中的现实,是如刘小枫所说的:不是'人而神'的实现——即人不可以成为神,而是'圣灵降临'的现实——即'基督精神在此世,才使得真正的象征世界成为可能。……圣灵入驻人的心中,是个体生命的重生过程……'"(《史铁生书信序文集——信与问》,第188页,花城出版社,2008)

史铁生的解释符合逻辑,符合实际,因而有说服力。理想之所以是"理想",就因为它不是"现实"。这样说并不意味着理想不会转化为、落空为现实,而是说,如果它转化为、落空为现实了,那它从此就不再是"理想",而是"现实"了,于是就需要重新确立新的"理想"。例如,一个高中生的理想是考上如愿的大学,经过努力,他如愿以偿地实现了,那么从此时起,他的"考上如愿大学"的"理想"就不再是他的"理想",而是"现实"了。于是他需要有新的追求,确立新的理想,如考研究生之类。总之,理想不可实现,实现了它自身就消失了。

理想不可"实现",那么"不可实现"是否意味着理想不能存在于现实呢?当然也不是。史铁生说:"理想不能存在于现实吗?不对了,理想恰是存在于现实的,恰是现实需要着理想。'人生的理想状态'不能存在于现实吗?好像也不对,正如戏剧不仅存在于现实,而且诞生于现实,'人生的理想状态'也是这样——比如说存在于'写作之夜',存在于无比辽阔的虚真。因为,思或想也是现实一种;现实中不能没有它们,而它们也无处不在地影响着现实。"(《史铁生书信序文集——信与问》,第186页,花城出版社,2008)

"思或想也是现实一种;现实中不能没有它们,而它们也无处不在地影响着现实。"请读者注意,这是一个独特的思想,一个一般人没有想到的理解——思想、理想也是"现实"的一种,是精神领域的"现实",精神世界中它存在着,这就是它"现实"地存在着的证明。

(三) 理想的价值和意义

史铁生的意思是,理想虽然不可实现(实现了就不再是理想了),但却又存在于现实中。这个存在不是"实"性存在而是"虚"性存在,即它存在于人的心灵中,思想中,精神中。理想虽然看不见摸不着,但却不能说它不真实。想想你自己,想想每个人,你能说你的梦想、你的希望、你的愿望是假的而不是真的吗?当然是真的。不过，为了与看得见、摸得着的"实"相区别，史铁生创造性地发明了另一个词——"虚真"，虽虚却真。这个"虚真"确确实实地存在于人的心灵中，对人发挥着巨大的作用，这难道还有疑问吗？！

理想的人生状态只能存在于梦想或戏剧中（而不能"实现"），那么作为"理想"，还有价值吗？当然有！其价值或意义就在于，它为人的"不理想"的现实树立起一个追求、向往的目标——"理想"。

理想、愿望、梦想、梦愿、祈盼、戏剧等，在史铁生的词典里，应该是同义词。在《我的丁一之旅》中，史铁生不止一次借人物表达了他的戏剧观："真正的戏剧应该是生命的另一种可能，现实之外的种种可能，或者说是不可能中的可能。就因为现实中有那么多的不可能，所以人才有梦想，有幻想——也所以才有了戏剧。也就是因为梦想和幻想是那样的不现实，人们才想看看在另一种时间里它能不能实现。——戏剧，说到底是这样一种心愿：使不可能成为可能，让不现实可以实现。"总之，在现实之外寻找生命另一种、许多种，乃至于无限的可能，这就是戏剧（理想、梦想等）的实质。

理想、愿望、戏剧等的特质是"不现实"。"不现实"既是理想的缺点，也是它的优点。"不现实"对于"现实"是一种异质的存在，是一个参照物，由此才可能与"现实"构成一种张力，在一个高远的位置上牵出"现实"对它的无限祈盼，无限向往。理想恰如灯塔，巍然屹立在大雾弥漫的河之对岸，这才让"不理想"的现实有了前进的目标，才可以牵引出一个追求的过程。理想的精神价值就表现于对现实的感召力、牵引力、提升力。例如，想一想丁一的人生理想，就可以发现我们现实生活中人与人之间的遮蔽、隔膜、歧视、提防等等，是多么的荒谬与不合理，就可以激发我们寻求沟通和理解的愿望并付诸行动。丁一的理想就像一面镜子，照出我们生活的缺陷，让我们明白应该想办法改变这种缺陷，寻求更好的生活。

就这样，理想永远不能实现，又永远牵动着人们的追求。理想不是一个固定的最终可以到达的处所，而是一个永远达不到因而永远存在的精神之域,永远存在于人的心中,存在于人们追求它的信念中与过程中。正如史铁生所说,理想虽然是"虚"的,但却是真实存在(心中的存在)的;虽然是无形的,却又是无处不在地对现实发生着影响。这种影响用古人的话表述即"虽不能至,心向往之"。恰如精神灯塔,矗立在人类心灵的上方或前方,对人始终起着提升或牵引的作用,使之不至于过分向下沉沦(沉溺于沉重的肉身或物质的享受)或向后倒退(倒退为无灵魂的兽性的人)。理想与现实在人的精神空间形成了上下前后两个张力场,人类就在这两个张力场中游移。无论少了哪一个支点,人类生活都会失去平衡。人类的精神家园或许就在这二者的和谐与平衡中。

结　语
人活着就是不断与困境相周旋

由于对人的根本处境有了深刻的理解与认识，20世纪80年代中期以后，史铁生创作的重心就移到了对人本困境的思考上。对人本困境的讨论便成了他文学创作的重要主题，成了他所有作品的一种潜在旋律。而且，他思考的执着程度和深度，在中国当代作家乃至古今中外所有作家中，都可以说是罕见和富有成效的。这使他在中国当代文坛卓然出众，别具一格，成为纯文学创作的典型代表。关于这一点，读书界具有共识。读者喜欢他，不是因为他在题材上吸引眼球，而是他在人生方面的深度，深度让他具有魅力，让他和读者在心灵深处、人生深处相通。

史铁生自觉地以探讨人生困境为己任，其实也就是在自觉地去猜那个神秘的斯芬克斯之谜。正如他自己所说，作家"面对的是上帝布下的迷阵，他是在向外的征战屡遭失败之后靠内省去猜斯芬克斯的谜语的，以便人在天定的困境中得救"。（二，414）他猜破了吗？通过讨论，他更多更深地发现了人生的奥秘和真相，从这一意义上可以说他猜破了；但又似乎没有猜破，因为他所发现的困境依然存在，人类依然处在困境中。那么，人类怎样才能从"天定的困境中得救"呢？面对困境，人类应持怎样的态度呢？对此，史铁

结　语

生有一个笔者认为可以称得上经典的名言:**人活着就是不断与困境相周旋**。

史铁生认为,对待人本困境的基本态度应该是,承认它的存在(即对它说"是"),认识它的严峻,然后与之相抗争、相周旋,从精神上超越它。史铁生结合自己的经历谈了这一思想。他说:"我的病给了我一个很根本的生来就很难免的困境,因此我对所有人的困境就有了一种更为普遍的理解,命运永远会给人以困境,这应该是试图超越的。宗教精神、神圣追求意在提醒人们随时不要忘记全人类所共有的一种困境,在这样的困境面前,可能爱的意义更为突出。**人活着就是不断和困境周旋,人生的根本意义就在人间的互爱和实现生命对美的追求之中展开**。"(史铁生,载《中华读书报》,1995年12月20日)

然而,所谓超越困境(史铁生又称之为"突围"),只是人的意志,人的愿望,人的努力,是行动的过程而不是终极的结果。换句话说,所谓"超越"只是一种"态度",一种既说"是"又说"不是",既承认它又与它抗争的态度。"超越"不等于"消除",事实上,**人生困境**作为**人生**困境是永远也消除不了的,这个"围"是永远也"突"不出去的——能突出去就不叫困境了。更深一层看,世界、人生实在也不能没有困境。试想,没有任何困境一片空白的世界和人生还有什么意思?!人类不就进入死寂了么?!

突不出困境之围,如此看来人生不是很悲观么?史铁生不这样看。他认为能正视困境永在的真相并与之相周旋,其实正是乐观。相反,不敢正视人生真相,傻乎乎地嘻嘻哈哈或徒作大言倒反而是悲观。因为,不敢正视不等于没有,想逃避不等于逃脱了。不敢正视和逃避的结果,是在困境面前束手无策,惊惶失措,乃至于绝望、颓唐。这不是悲观是什么?所以,真正理解了人生的人不指望没有困境,但他能做到不让困境扭曲自己的灵魂。(二,371)他可以把困境变为获得欢乐的机会。(二,432)命定的局限尽可永在,不屈的挑战却不可须臾或缺。(二,384)因此,史铁生主张人类在前行的路途上,把上帝赐予的高山和深渊都接过来,"乘物以游心",玩它一路,玩得心醉神迷、不绊不羁、创造不止、灵感纷呈,挥汗如雨地尽情跳好生命之舞,而绝不在还有力气之时停下来。(《史铁生作品集》第二卷)

总之,一边是永在的困境之围,一边是人类永远在试图超越的顽强努力,二者既相互对立又相互依存,同生共在,相伴相随。"人命定要在这充满困境的过程中突围,要在这突围的过程中获得意义","一切想实现自身价值的人都应当感谢困境"。(二,458)史铁生从困境出发,看到人生的价值,人生的意义,看到了人的尊严,人的骄傲,为人的精神、人的意志唱了一曲不朽的赞歌。

这是一种既富有现代理性精神又充满生命激情的人生观、价值观。史铁生对困境的沉思,其实质是现代人在为精神寻找出路,为灵魂寻找归宿,为生存寻找精神上的理由。通过寻找,使人们的精神上升到一个新的层次,新的境界。